YOU'VE NEVER STOPPED
당신은 한 번도
멈춘 적이 없었다

지쳤지만 아직 끝내고 싶지 않은 당신에게

당신은 한 번도 멈춘 적이 없었다

YOU'VE NEVER STOPPED

방성현(현사이트) 지음

프롤로그
당신은 한 번도 멈춘 적이 없었다

"아깝잖아, 괜찮아."

    집에서 출근지까지 공용 자전거를 타고 가면 20분, 딱 250원이 나왔다. 한 푼이라도 아껴야 했기에, 나는 그날도 어김없이 "운동도 되고 좋지"라는 말과 함께 패딩과 장갑을 꺼내 입고 집을 나섰다. 낮 기온 영하 7도. 장갑을 뚫고 스며든 바람은 손끝을 아리게 했고, 등에선 땀이 배어 나왔다. 출근 태그를 찍고 나서야 겨우 한숨을 돌린다. 일을 시작하기도 전에 몸이 먼저 녹초가 되었지만 상관없었다. 버스비 1,250원 중 1,000원을. 그것도 왕복 2,000원을 아꼈다는 생각에 이미 기분은 날아갈 듯 좋았다.

누구나 인생을 살다 보면 찌질한 순간을 한 번쯤 겪는다. 나도 그랬다. 물론, 학생 때 돈 없는 건 부끄러운 일도 아니고, 오히려 그런 시절이야말로 좋은 추억을 만들 수 있는 청춘이라고들 말한다. 하지만 그땐 그 말을 믿지 않았다. 아니, 애써 믿으려 하지 않았다. 부족한 사정은 늘 나를 작아지게 했고, 가끔은 치사하고 비겁하게 만들기도 했다. 아직도 기억한다. 부모님이 패딩을 사줄 테니 쇼핑몰에 가자 했는데, 귀찮아서 거절했다는 친구의 말에 혼자 마음이 상해 멋쩍은 웃음을 지었던 그날을. 그때부터였을까, 나는 어떻게든 내게 놓인 상황을 뒤집겠다며 일에 미친 듯 매달리기 시작했다.

37만 팔로워, 100명이 넘는 대중 앞에서의 강연, 매달 2,000만 명이 보는 콘텐츠 크리에이터. 그때는 상상이나 했을까. 첫 발걸음이 시작된 2020년 9월 5일. 스터디카페 한구석 칸에는 취업 준비생과 공시생 사이에 변종처럼 자리 앉아, 부끄러운 듯 노트북 화면을 돌린 채 사업을 준비하던 24살의 대학생이 있었다. 매일 아침에 스터디카페에 들어가 새벽이 되어서야 집으로 돌아오는 시간을 보낸 지 2년. 통장에는 500만 원 남짓한 금액이 찍혀 있었다. 분명 이번 해에는 성공할 거라며 부모님께 큰소리도 쳐놨는데, 해가 지날수록 자리를 잡아가는 친구들과 후배들을 볼수록 불안은 더 커져만 갔다.

"야, 그래도 너는 하고 싶은 일 하잖아."

오랜만에 가진 술자리에서 친구가 말했다. 물론, 처음에는 설레고 즐거웠다. 카페 앞에 늘 서 있던 포르쉐를 바라보며 "저건 내 차가 될 거야"라고 10분씩 중얼대던 날도 있었다. 그게 가능할 거라 믿을 수 있어서 행복했다. 그런데 세상은 생각보다 더 차가웠고, 한 번쯤 생각해 본 대박 스토리는 내게 일어나지 않았다. 그렇게 2년이 지나고 결국 결정을 내려야 했다. 온라인에 올려두었던 제품들을 하나씩 정리하면서, '이제는 접자'며 마음을 정리했지만, 어딘가 계속 불편했다. 첫 실패를 겪어서일까? 아니다. 그 대신 다른 물음이 떠올랐다.

"진짜 모든 걸 쏟은 거 맞아?"

일주일을 고민한 뒤, 사 놓은 자격증 책을 덮었다. 그리고 다시 노트북 앞에 앉았다.

"이번에도 안 되면 진짜 접는 거야."

그리고 또다시 3년이 흘렀다. 물론, 여기까지 오는 과정도 쉽지만은 않았다. 콘텐츠 1개를 만드는 데만 6시간이 걸렸고, 80개의 콘텐츠를 올렸을 때 팔로워는 800명 남짓이었다. 부끄럽지만,

새벽에 집으로 가는 길에 운 적도 많았다. 그럼에도 포기하고 싶지 않았다. 아니, 포기할 수 없었다. 마지막 도전인만큼 내 모든 걸 걸었다.

인생이 바뀌는 건 정말 한순간일까? 겉보기엔 그렇게 느껴질 수 있다. 오랜 시간 아무 일도 일어나지 않는 것처럼 보이다가, 어느 날 갑자기 기회가 찾아오고, 상황이 급변한다. 하지만 그 '한순간'은 결코 단독으로 존재하지 않는다. 사실은 끝이 보이지 않는 터널을 묵묵히 걸은 끝에 찾아온 '결과의 순간'일 뿐이다.

우리는 종종 터널 밖으로 걸어 나오는 마지막 장면만을 기억한다. 그래서 이렇게 말한다.

"그 사람은 한순간에 인생이 바뀌었대."

하지만 그 말은 그 사람의 오랜 고통과 노력, 기다림과 인내를 지워버린다.

이 책을 편 당신은 아직 터널을 걷고 있을 수도, 아니면 이제 막 터널 앞에 선 채 발을 내딛기를 두려워하고 있을 수도 있다. 불안하고, 확신이 없고, 고통스러운 날들의 연속일 것이다. 그런데, 그 시간이 없다면 당신의 서사는 완성되지 않는다. 쉽게 말해 당신이 불행해서가 아니라 그 경험은 당신에게 꼭 필요하기 때문에 찾아온 것이다.

아르바이트를 하던 시절, 숱하게 마주했던 컴플레인 고객들 덕에 쇼핑몰을 운영하며 고객 상담을 잘 해낼 수 있었다. 결국 그 쇼핑몰은 문을 닫았지만, 그때 익힌 '장문의 댓글 다는 습관'은 현 사이트 채널의 초창기 팬을 만들어내는 데 큰 역할을 했다. 그리고 지금 이렇게 글을 쓰고 있는 이 순간까지도, 모든 경험과 기억은 이어지고 있다.

이 책은 당신에게 무조건적인 위로를 건네지는 않는다. 그렇다고, 마치 독설가처럼 현실적인 조언만을 가득 담지도 않았다. 대신 지금까지 내가 겪고 바라본 세상의 오해들과 이를 올바르게 바라보고 활용하는 방법을 담았다. 현사이트 계정을 운영한 지난 3년 동안 나는 수많은 사람을 직접 만나왔다. 100만 유튜버, 변호사, 사업가, 요리사, 자영업자, 기자, 직장인, 학생까지. 살아온 길도, 처한 상황도 전혀 다른 이들이었지만, 놀랍게도 그들 모두가 공통적으로 이렇게 말하고 있었다.

"인생은 쌓이는 것이다."

이 책을 읽는 동안 당신은 지난 삶을 돌아보게 될 것이다. 어쩌면 그 과정에서 아직 용서하지 못한 '나'와 마주할지도 모른다. 그리고 그동안 멈추지 않고 달리느라 제대로 바라보지 못했던 진짜 내 모습과 처음으로 눈을 맞추게 될지도 모른다. '나는 어떤 삶을 살고 싶었는지', '지금 어디를 바라보고 있는지'. 한 번도 생각하지 못했던 질문들에 봉착하고 그 질문들에 하나씩 대답을 이어 나가다 보면, 비로소 앞으로 나아가야 할 길이 보일 것이다.

나는 "내가 했으니 당신도 할 수 있다."와 같은 뻔한 말이 아닌, "당신에게는 당신만의 삶과 길이 있다."라는 것을 이 책을 통해 알려주고 싶다. 당신이 어떤 목표를 갖고 이 책을 집었든, 이 책은 그 정답을 찾을 눈이 되어줄 것이다. 지금까지 외부에서만 답을 찾고자 애쓴 사람이라면, 이 책을 통해 당신의 내면 깊은 곳에 숨어 있는 당신만의 답을 찾길 바란다. 그리고 그 답이 보일 때 언제든 이 책을 덮어도 좋다.

꼭 처음부터 순서대로 읽을 필요는 없으나, 가능한 순서대로 읽길 바란다.

| 목차 |

프롤로그 | 당신은 한 번도 멈춘 적이 없었다 · 5

1장

인생의 주도권을 되찾는 법

: 끌려가는 삶에서 이끌어가는 삶으로

가난이 준 최고의 선물	· 19
다들 잘 사는데 나만 멈춰있는 것 같다면	· 25
나도 아직 나를 잘 모른다	· 28
지쳐 쓰러지기 전에 읽어야 할 글	· 33
우리는 언제쯤 진짜 어른이 될까?	· 37
당신의 인생은 아직 익는 중이다	· 41
희생양을 자처하지 마라	· 44
후회 없는 삶이라는 환상	· 48
기대만 크고 변화는 없는 삶이 위험한 이유	· 53
올바른 선택이 있다는 착각	· 57

2장
무너져도 다시 일어서는 힘

: 한 걸음 더 나아가는 용기

바닥을 쳤을 때 다시 일어나는 기술	• 65
절망의 끝에서 찾은 인생 역전 공식	• 69
당신의 생각은 사실 당신 것이 아니다	• 74
인생을 180도 뒤집는 3가지 선택	• 78
99%가 놓치는 인생 역전의 순간	• 82
두려움을 뒤집으면 기회가 보인다	• 86
관점만 바꿨을 뿐인데 세상이 변했다	• 90
당신의 생각이 내일의 현실을 만든다	• 94
고통은 피할 수 없지만 불행은 선택할 수 있다	• 97
진짜 멘탈이 강한 사람	• 102
감정에 휘둘리지 않는 사람들의 비밀	• 106
노를 저어라, 물이 들어올 때까지	• 110
누군가를 위해 버틴 하루가 당신을 더 단단하게 만든다	• 113

3장
평범한 노력을
특별한 성과로 바꾸는 법

: 같은 시간, 다른 결과를 만드는 기술

당신도 자기계발 중독일 수 있다	• 121
열심히 하면 잘될 거라는 착각	• 125
노력 중독에서 벗어나야 인생이 바뀐다	• 128
완벽주의가 당신을 망치고 있다	• 133
세상에 나를 10배 더 비싸게 파는 법	• 138
여전할 것인가 역전할 것인가	• 143
조언을 받기 전 3가지만 확인하세요	• 147
당신이 매년 변하지 않는 진짜 이유	• 152
의지력 'O'인 사람도 자동으로 성공하는 비밀	• 156
나쁜 습관에서 벗어나지 못하는 이유	• 163
배고플 때 장 보지 마라	• 167
상위 1%의 의사결정 기술	• 171
운인 줄 알았는데 실력이었다	• 176
나이가 무기가 되는 순간	• 182
남들보다 5배 효율적으로 사는 법	• 188
사회생활 치트키 5종 세트	• 193
먼저 말하지 않으면 놓치는 것들	• 198
평범하지만 매력적인 사람의 숨겨진 비밀	• 204
AI시대에 살아남는 독서법	• 210

4장

세상을 정면으로 마주할 용기

: 흔들리지 않는 내면을 만드는 법

책임져주지 않을 사람들의 말에 귀 기울이지 마라	• 219
남을 욕하다 인생이 망가지는 이유	• 223
조용히 인생을 망치는 사소한 습관 2가지	• 226
그 하루, 당신은 얼마에 팔겠는가	• 229
죽음은 앞둔 사람이 가장 후회하는 것	• 233
감정에 휘둘리지 않는 사람들의 비밀	• 237
쉬운 길이 당신을 망치는 이유	• 241
내일을 위해 오늘을 희생하지 마라	• 245
여행의 목적은 에펠탑을 보는 게 아니다	• 249
꿈은 3분 카레가 아니다	• 252
당신의 행복은 얼마인가요?	• 256
명품 향수 같은 사람이 되어라	• 260
삶을 대하는 태도가 인생을 결정한다	• 263

에필로그 | 다시 한번 걸음을 내딛을 당신에게 • 268

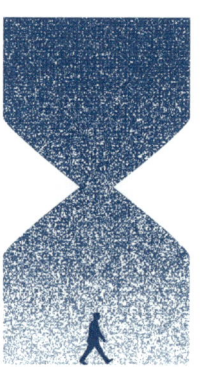

RECLAIM YOUR LIFE

인생의 주도권을 되찾는 법

: 끌려가는 삶에서 이끌어가는 삶으로

가난이 준
최고의 선물

'세상은 불공평하다.'

나는 한때 이 말에 누구보다 깊이 분노하던 사람이었다. 힘들었던 집안 탓도 해보고, 이런 사회를 만든 나라 탓도 해봤다. 하루하루를 버텨내는 것만으로도 숨이 막혔고, 내가 처한 현실이 억울하게만 느껴졌다.

아르바이트로는 생활비도 빠듯했고, 친구들과의 대화에서 자연스럽게 나오는 쇼핑과 여행 계획이 나에게는 모두 사치처럼 느껴졌다. "같이 밥 먹을까?"라는 말이 나오면 어김없이 가족 식사를 핑계로 먼저 자리를 떴고, 친구들이 부담 없이 쓰는 돈을 보며 스스로 작아지는 내 모습이 한심했다. "왜 이렇게까지 힘들게 살아야 할까?" 매일 밤, 나는 스스로에게 답이 없는 질문을 던졌다.

하지만 이 분노는 점차 방향을 바꾸었다. 세상에 대한 원망을 삶을 바꾸는 연료로 바꾸기 시작한 것이다. 그 변화는 아주 작은 습관에서 시작됐다. 먼저 책을 읽기 시작했다 . 당장 찾아갈 만한 성공한 사람도 없었기에, 그때의 내가 할 수 있는 최선의 선택이었다. 매일 서점에 앉아 2시간씩 책을 읽으며, 나와는 전혀 다른 세상에 살고 있는 사람들의 이야기에 빠져들었다.

그러다 보니 과거에는 혼나기 싫어 변명부터 찾던 내가, 어느 날부터는 나보다 조금이라도 앞서 있는 사람을 찾아 조언을 구하고 있었다. 학교 선배, 아르바이트 현장에서 만난 직원들, 심지어 자주 보던 유튜브 채널 댓글 속 익명의 사람들까지. 그들 중 누구도 나에게 '정답'을 주지는 않았지만, 그들과의 대화는 내가 어떤 방향으로 걸어가야 할지를 직감하게 해주었다.

생활비를 벌고자 출근하던 대형마트에서, 나는 단순히 시급만 받아 가는 알바생이 아니었다. 매 순간을 언젠가 만날 중요한 고객과의 미팅을 연습하는 시간이라 생각했다. 그래서 내 고객이 아니어도 먼저 다가가 안내를 도왔고, 다들 피하는 컴플레인 고객에게도 가장 먼저 달려갔다. 화난 고객의 마음을 돌려 재주문까지 받아내며, 나는 그 어떤 강의보다 더 값진 경험을 쌓아갔다.

동시에, 안정적인 삶을 살길 바랐던 부모님의 반대를 무릅쓰고 "공무원 할 바엔 차라리 죽겠다."는 말까지 했다. 지금 생각해 보면 너무 극단적이었지만 그만큼 간절했다. 적당히 수준 맞춰 들어가는 회사가 아닌, 인생을 바꿀 기회를 원했고, 하루하루가 그 기회를 잡기 위한 준비 과정이라고 믿었다. 그렇게 몇 년을 버티며 살다 보니, 어느 순간 '세상은 불공평하다'라는 말이 그 무엇보다 '공평한' 문장처럼 느껴지기 시작했다.

"세상은 불공평하지만, 그 안에서도 기회는 반드시 찾아온다. 그렇다면 누구보다 먼저 그 기회를 잡을 준비만 하면 되는 거 아닌가?"

이런 생각을 하니 세상을 보는 눈이 달라졌.

나는 불평 대신 '균열'을 찾기로 했다. 기회란 거창하거나 눈부시지 않다. 어떤 이는 우연히 건넨 인사 한마디에서, 어떤 이는 유튜브 영상 하나에서, 어떤 이는 직장에서 만난 선배로부터 기회를 잡는다. 기회는 소란스럽게 오지 않는다. 조용히, 그러나 예고 없이 찾아온다. 그렇기에 중요한 건 '기회가 올 만한 장소에 자신을 두는 것', 그리고 '그 기회를 식별할 수 있는 눈과 잡아챌 수 있는 실력'을 기르는 것이다.

하지만 어떤 사람은 이 말에 이렇게 반문한다. "그럼 무조건 열심히 살면 기회가 보이나요?" 아니다. 무작정 성실하다는 이유만으로 기회를 잡을 수는 없다. 중요한 건 방향이다. 마라톤을 달리더라도 코스가 틀리면 결승선에 도달하지 못하듯, 나 역시 오랫동안 허공에 대고 노력했던 시절이 있었다. 그때는 정말 열심히 살았지만, 삶이 나아지는 느낌이 없었다. 그러다 어느 날, 질문을 바꾸기로 했다.

"왜 안 되는 걸까?"에서 "무엇을 바꿔야 할까?"로.

그 결과, 누구나 인생에서 몇 번의 중요한 기회를 만난다는 걸 깨달았다. 문제는 그 기회를 알아보지 못하거나, 알아보더라도 잡을 실력이 없어 흘려보내는 것이다. 결국, 준비된 사람만이 기회를 눈치채고 붙잡을 수 있다. 이 사소한 차이가 인생을 갈라놓는다.

예를 들어, 같은 회사에 입사한 두 명의 신입사원이 있다고 해보자. 둘 다 비슷한 조건으로 들어왔지만, 1년 후 한 명은 중요한 프로젝트 팀에 발탁되고, 다른 한 명은 여전히 똑같은 업무를 반복하고 있다. 그 차이는 무엇일까?

발탁된 직원은 평소에 회의에서 조금 더 적극적으로 의견을 냈고, 퇴근 후에도 업계 동향을 파악하기 위해 관련 자료를 읽었으며, 동료들과의 관계에서도 신뢰를 쌓아왔다. 반면 다른 직원은 주어진 업무만 성실히 수행했지만, 그 이상의 준비는 하지 않왔다. 승진 기회는 두 사람 모두에게 동등하게 왔다. 하지만 그 기회를 잡을 수 있는 준비가 되어 있었던 건 오직 한 사람뿐이었다. 이것이 바로 '준비된 자에게 기회는 공평하다'는 말의 의미다.

그렇다면 구체적으로 어떻게 준비해야 할까?

첫째, 기회가 올 만한 자리에 자신을 배치하자.

집에만 있으면서 기회를 기다릴 수는 없다. 모임에 참석하고, 새로운 사람들을 만나고, 자신의 존재를 알려야 한다. 온라인이든 오프라인이든, 당신의 목표와 관련된 곳에 꾸준히 모습을 드러내라.

둘째, 매일 조금씩이라도 실력을 쌓자.

기회가 와도 실력이 없으면 소용없다. 하루 30분이라도 자신의 분야와 관련된 공부를 하고, 작은 프로젝트라도 완성해 보자. 그 작은 경험들이 쌓여 결정적 순간에 힘을 발휘한다.

셋째, 모든 경험을 연결점으로 생각하자.

지금 하는 일이 아무리 사소해 보여도, 언젠가 어떤 식으로든 연결될 수 있다는 믿음을 가져야 한다. 실제로 대형 마트에서 일했던 경험이 훗날 쇼핑몰 운영과 SNS 채널 소통에서 큰 도움이 되었다.

정말 인생을 바꾸고 싶다면, 지금 당장 움직여야 한다. 기회는 기다리는 사람이 아니라, 준비하는 사람에게 온다. 그 과정에서 가장 중요한 건, 지금 내가 하는 모든 선택이 언젠가 만날 무언가와 연결되어 있다는 믿음을 갖는 것이다.

세상은 분명 불공평하다. 이는 부정할 수도, 바꿀 수도 없는 현실이다. 중요한 건 그 현실을 받아들이고, 그 안에서 자신만의 길을 찾는 것이다. 불공평한 세상을 이기는 방법은 하나뿐이다. 남들이 불평할 때 나는 준비하는 것. 남들이 "안 돼"라고 말할 때 나는 "어떻게 하면 될까?"를 고민하는 것. 그렇게 쌓인 준비가 기회와 만나는 순간, 비로소 판이 뒤바뀐다.

이제부터라도 질문을 바꿔보자. "왜 나만 이렇게 힘들지?"라는 한탄 대신, "이 상황에서 내가 할 수 있는 건 무엇일까?"를 묻자. 매일 그 답을 찾아 움직이는 사람만이, 결국 불공평한 세상에서도 자기만의 기회를 만들어낸다.

다들 잘 사는데
나만 멈춰있는 것 같다면

톰과 제리라는 만화를 아는가? 90년대생이라면 어릴 적 TV에서 한 번쯤 봤을 것이다. 이 만화에는, 흥미로운 해석이 숨어 있다. 고양이 톰이 생쥐 제리를 싫어하고 잡지 못해 안달이 난 것처럼 보이지만, 사실은 제리를 친구로서 너무나 좋아하기에 집에서 쫓겨나지 않도록 열심히 잡는 척을 한다는 것이다.

이처럼 겉으로 보이는 것과 실제는 다를 수 있다. 인생도 마찬가지다. 누구나 비슷해 보이는 하루를 살지만, 그 안에는 각자의 사연이 존재한다. 어릴 적, 술 한 잔 걸치고 통닭을 사 오시던 아빠의 하루는 평소보다 유독 힘들었을지도 모른다. "사장님이 나 없으면 회사가 안 돌아간대"라며 명절 전날 늦게 한우 세트를 들고 퇴근한 남편은, 가족의 걱정을 덜기 위해 집 근처 마트에서 몰래 선물 세트를 사 왔을 수도 있다. 우리는 그렇게 '보이지 않는 이야기'를 품은 채 살아간다.

반대로 우리는 종종 '보이는 것'에 압도되기도 한다. SNS에 올라온 누군가의 행복한 일상부터, 호화로운 소비, 무대 위에서 당당한 모습까지. 그 찰나의 순간을 보며, '나만 왜 이럴까'하고 쉽게 작아진다.

하지만 진실은 다르다. 화려한 장면 뒤에는 보이지 않는 고통의 날이 있고, 웃는 얼굴 뒤에는 누구에게도 말하지 못한 불안이 존재한다. 무엇보다, 인생의 하이라이트만 모아 놓은 SNS를 보며 스스로 자책할 필요는 없다.

물론, 그런 장면을 보며 부러움을 느끼는 건 자연스러운 일이다. 지금 내 상황이 초라하고, 답답하게 느껴질 수 있다. 하지만 이 순간이, 당장 겉으로 드러나지 않는 변화를 차곡차곡 쌓아나가는 과정일 수 있다. 땅속에 뿌리를 내리는 시간 없이는 단단한 나무가 자랄 수 없듯, 버티는 시간이 존재해야만 더 큰 결과를 만들어낼 수 있다. 그 시간은 결코 무의미한 시간이 아니다. 오히려 지금이야말로 미래를 준비할 최적의 타이밍이다.

어느 순간 갑자기 찾아오는 성공은 없다. 빛나는 무대 뒤에는 어두운 백스테이지가 있고, 그 안에는 쉼 없이 노력하고 흔들렸던 지난날이 있다. 번데기의 시간을 지나야만 나비가 날개를 펼치듯, 모든 비약의 순간은 반드시 '멈춰있는 듯한' 시간을 거친 뒤에 찾아온다. 그리고, 그 시간을 견딘 사람만이 이후에 찾아오는 변화를 온전히 자기 것으로 만든다.

때로는 울컥하는 감정이 치밀고, 도무지 이 시간을 통과할 수 없을 것 같은 날도 있을 것이다. 그럴 땐 억지로 이겨내려 하지 말라. 그런 날은 그저 살아내는 것만으로도 충분하다.

감정은 상대해야 할 적이 아니라, 곁에 두고 바라봐야 할 친구다. 어제 울었다면 오늘은 조금 덜 울면 된다. 오늘 겨우 버텼다면, 내일은 더도 말고 한 걸음만 더 나아가면 된다. 그렇게 조금씩 나아가다 보면 언젠가 당신도 누군가에게 "지나고 보니 모든 시간이 의미 있었어."라고 말하게 될 것이다.

기억하자. 겉모습만으로는 아무것도 알 수 없다. 타인의 인생은 물론, 내 마음조차도 그렇다. 그래서 더더욱 멈추지 말아야 한다. 현재의 무너짐은 언젠가 단단함이 되어 돌아온다. 지금의 눈물은 언젠가 누군가의 고단한 하루를 보듬는 따뜻함이 되어줄 것이다. 그러니 오늘 하루, 그저 살아내자. 판단하지 말고, 비교하지 말고.

당신은 잘 가고 있다. 겉으로 보이지 않을 뿐, 삶은 분명히 끊임없이 앞으로 나아가고 있다.

나도 아직
나를 잘 모른다

"자기소개 부탁드립니다."

이 말에 신이 나서 먼저 손을 들 사람은 아마 없을 것이다. 왜 우리는 자신에 대해 말하는 걸 이토록 어려워할까? 누구보다 오랜 시간을 나 자신과 함께 살아왔는데, 막상 소개하려고 하면 말문이 막힌다. 이 문제에 대한 답을 찾고 싶다면, 꽤 오래전으로 돌아가야 한다.

어릴 적 우리는 자신에 대해 모르는 게 없었다. 좋아하는 게 뭔지, 뭘 할 때 시간이 빨리 가는지, 굳이 생각하지 않아도 몸이 먼저 반응했다. 하지만 어른이 되면서 우리는 그 감각을 잃어버렸다. '하고 싶은 일'보다 '해야 할 일'에 익숙해졌고, '어떻게 살 것인가'를 고민하기보다 '어떻게 보일까'를 먼저 따지기 시작했다. 그 결과로 세상이 원하는 나를 꾸미는 데는 능숙해졌지만, 그 안에서 점점 '나'라는 사람은 흐릿해졌다.

작사가 김이나는 이런 말을 한 적이 있다.

"20대는 찌질해도 용서받을 수 있는 유일한 때라고 생각해요. 30대가 넘어가면서부터 객관적으로 감정들이 보이죠. 그때 보이는 내 장점이 진짜 장점이고, 그때 보이는 단점들이 진짜 단점이거든요. 멋있는 사람이 되기 위한 다림질은 그때부터 해도 전혀 늦지 않아요. 그런데 20대부터 너무 다림질하기 시작하면, 그냥 '보급형', '기성품' 같은 사람이 되어 있어요."

그녀의 말처럼 우리는 너무 이른 나이에 '괜찮은 사람'이 되려고 애쓰고 있다. 내가 어떤 사람인지를 제대로 알기도 전에, 사회에서 원하는 이상향에 자신을 억지로 끼워 맞추는 연습부터 하는 거다.

많은 사람이 삶에 몰입하지 못하는 이유도 여기에 있다. 지금 하는 일이 왜 중요한지도 모르면서 마감에 쫓겨 밤을 새우고, 결국 매너리즘과 번아웃을 경험한다. 목표는 있지만 방향이 없고, 노력은 있지만 이유가 빠져 있다. 우리는 세상에 나를 팔아야 한다며 기술을 익히고 스펙을 쌓지만, 정작 '나'라는 상품에 대해서는 가지고 있는 스펙을 제외하고는 아무것도 모른다.

"당신은 스스로에 대해 얼마나 알고 있는가?"

심리학에서는 자기 이해 self-awareness를 인간의 행복과 성취를 결정짓는 핵심 변수라고 말한다. 여러 연구에서 자기 이해가 높은 사람들이 더 나은 리더십을 발휘하고, 스트레스를 효과적으로 관리하며, 목표 달성률이 높다는 결과가 나오고 있다. 반면, 자기 이해가 낮은 사람은 외부의 자극에 쉽게 흔들리며, 타인의 기준에 자신의 인생을 쉽게 내맡긴다. 결국 자기 자신을 모른 채 살아간다는 건, 자동차의 핸들을 놓고 운전하는 것과 다를 바 없다.

이 문제를 해결하기 위해서는 다음 세 가지를 삶에 적용해야 한다.

첫째, 자신에게 던지는 질문을 바꿔라.

"나는 누구인가"와 같은 막연한 질문보다, "무엇을 할 때 시간이 빨리 지나가는가?", "끝까지 해낸 일에는 어떤 공통점이 있었는가?"와 같은 구체적인 질문이 훨씬 도움이 된다.

둘째, 매일 10분이라도 '나만의 시간'을 확보하라.

조용히 걷거나, 글을 쓰거나, 누구에게도 방해받지 않는 시간을 의도적으로 만들어라. 이 짧은 시간이 쌓이면, 감각이 다시 살아난다. 의무 속에 감춰져 있던 나의 취향과 속마음이 감각을 뚫고 나오는 것이다. 그 순간부터 삶은 더 이상 남의 무대가 아니다.

셋째, 기록하라.

단순히 생각하는 것과 글로 직접 쓰는 것은 다르다. 기록은 관찰을 가능하게 하고, 관찰은 통찰로 이어진다. 일기, 메모, 음성 녹음, 형식은 중요하지 않다. 중요한 건 반복이다. '자신을 스스로 관찰하는 습관'이 생기면, 더 이상 무기력한 존재가 아니게 된다.

결국 진짜 인생은 내가 누구인지 아는 순간부터 시작된다. 자기 이해 없이 설정된 목표는 쉽게 흔들리고, 반대로 자기 이해를 기반으로 한 목표는 강한 추진력을 가진다. 내 인생의 운전대를 다시 쥐고 싶다면, 가장 먼저 나 자신을 이해하는 일부터 시작해야 한다. 어쩌면 지금 당신이 고민하는 대부분의 문제는 방향이 아니라 '정체성의 부재'에서 비롯된 것일지 모른다. 방향은 나를 알 때 비로소 정확해지고, 인생은 그 방향에 따라 구체화된다. 당신이 당신을 제대로 이해할 때, 삶은 통제 가능한 것이 된다.

세상이 원하는 기준을 좇는 삶이 아니라, 나라는 사람의 본질을 중심에 두고 설계된 삶. 그것이야말로 가장 후회 없는 인생이고, 가장 만족스러운 삶이다. 그리고 이 모든 건, 당신이 스스로와 얼마나 솔직한 대화를 나누었는지에 달려 있다.

지쳐 쓰러지기 전에
읽어야 할 글

"지금보다 더 많은 걸 하면, 빨리 성공할 수 있겠지?"

목표에 대한 집착이 커질 때, 우리는 종종 이런 착각에 빠진다. 성공이 노력의 양과 정비례한다고 생각하는 것이다. 조급함이 생기면 이것저것 해야 할 일을 늘리기 시작한다.

새벽 기상부터 운동, 신문 읽기, 독서, 명상, 강의 수강 등 해야 할 일을 끝없이 나열한다. 소위 '갓생'을 사는 사람과 자신을 비교하며, 무엇이 부족한지에만 정신이 곤두서 있다. 하지만 이상하게도, 어느 순간부터는 기세가 꺾이고, 예전만큼의 성과도 나오지 않는다. 분명 이전보다 열심히 하고 있는데, 성과는 없고, 제자리에서 발만 동동 구르는 느낌이다. 그 이유는 단순하다. 너무 많은 것에 힘을 분산시키고 있었기 때문이다.

대전의 한 유명 빵집을 들른 날, 가게 앞에 7살쯤 돼 보이는 한 아이가 종이비행기를 힘껏 던지고 있었다. 그런데, 힘을 너무 세게 줬는지 비행기는 계속 아이의 발 앞에 떨어졌다. 금방 울상을 지은 아이에게, 계산을 마친 아버지가 다가가 말했다. "아빠가 한 번 해볼까?" 그러고는 손에 힘을 거의 뺀 채 비행기를 날렸고, 그 비행기는 아이가 뛰어서 쫓아갈 정도로 멀리 날아갔다. 아이는 떨어진 비행기를 주우며, 신기하다는 듯 물었다. "왜 아빠 거는 잘 날아가?" 그러자 아버지는 말했다.

"힘을 빼 봐, 그래야 멀리 날아가."

그 말을 들은 순간, 나도 덩달아 걸음을 멈췄다. 아이 아빠의 그 말이, 지난날의 내 모습들을 관통하는 듯했기 때문이다.

많은 자기계발서에서는 일론 머스크[Elon Musk]나 제프 베조스[Jeffrey Bezos]처럼 모든 것을 일에 몰아넣는 기업가들의 사례를 들며 '몰입의 힘'을 강조한다. 물론, 틀린 말은 아니다. 시간을 많이 들이면 당연히 결과도 이전보다 좋아지는 것이 정상이다. 하지만 중요한 건, 그 이후다. 일정 수준에 도달하면 성장은 둔화하고, 그때부터는 피로와 회의감만 남는다. 그리고 그 순간, 대부분은 자기 자신에게 모든 화살을 돌린다.

"내가 게을러서 그래."
"아직 부족해서 그런 거야."

그러나 이건 성실성의 문제가 아니다. 리듬의 문제다. 성장도 지속 가능해야 한다. 한 번에 모든 걸 담으려 하다가는, 마트에서 산 종이 바구니처럼 금방 찢어지기 십상이다.

나도 같은 함정에 빠졌던 적이 있다. 습관처럼 "이번 달만 버티면 돼."라는 말만 내뱉으며 매달 일을 늘렸고, 야근이 일상이 되었으며, 어느새 좋아했던 일은 주말 없이 해야 하는 '업무'가 되었다. 자연스럽게 일상은 붕괴됐고, 쉬지를 못하니 점점 멘탈도 인간관계도 흔들리기 시작했다. 그러나 그 순간에도 나는 스스로에게 채찍질을 멈추지 않았다. 그러다 참다못한 친구로부터 한마디를 듣고 나서야, 비로소 멈출 수 있었다.

"뭘 그렇게 한 번에 다 할라 그래, 그렇게 다 잡으려다가 전부 놓쳐."

그 후 일상을 바꾸기 시작했다. 하루에 해야 하는 일은 반드시 5개 이내로 제한하고, 나머지는 과감히 내려놨다. 당연히 성과에 영향이 갈까 불안해했다. 하지만 결과는 달랐다. 실수는 줄고, 집중력은 돌아왔으며, 멈췄던 성과도 덩달아 상승하기 시작했다. 무엇보다도, '잘해보고 싶은 열정'이 다시 타오르기 시작했다.

> "Slow is smooth and smooth is fast."
> "여유는 부드럽고, 부드러움은 빠르다."
> — 미 해군 특수부대 격언

단기적인 성과를 낼 때는 극단적인 몰입이 효과를 발휘할 수 있다. 하지만 처음부터 전속력으로 달리면 결승선에 닿기도 전에 지쳐 쓰러진다. 그러니 당신만의 속도를 찾고, 그 속도를 지키며 앞으로 나아가라.

성공을 막는 건 역량 부족이 아니라 과도한 욕심일지도 모른다. 때로는 조금 늦더라도, 끝까지 달릴 수 있는 사람이 결국 승리한다.

우리는 언제쯤
진짜 어른이 될까?

친구들과 오랜만에 만나 맥주 한 잔을 기울이면, 어김없이 옛날이야기가 시작된다. 그 시절의 유치한 농담부터 짝사랑의 추억까지. 이미 수십 번 넘게 꺼낸 이야기지만, 이상하리만치 질리지 않는다. 낡은 사진첩을 넘기듯, 그 시간은 항상 따뜻하고 익숙하다. 그러다 문득, 잔을 내려놓고 거리를 걷는 사람들을 멍하니 바라본다. 그리고 속으로 중얼거린다.

'그때로 다시 돌아가면 어떨까?'

누군가가 나에게 언제로 돌아가고 싶냐고 묻는다면, 나는 망설임 없이 중학생 시절이라 답할 것이다. 미래보다 친구에 대해 더 많이 고민하던 시기, 주머니 속 만 원짜리 한 장이면 세상을 다 가진 듯했던 그날들. 사소한 일에 박장대소하고, 작은 일에도 상처받던 시절. 신기하게도 해가 지날수록 그때의 기억은 더 선명해진다. 시간은 흐르는데 오히려 그 시절은 오히려 더 또렷하게 다가온다.

십 대였던 나는, 스무 살이 되면 인생의 모든 걸 꿰뚫는 어른이 되어 있을 줄 알았다. 하지만 막상 스무 살이 되어보니, 오히려 이제 막 세상에 발을 디딘 신입생일 뿐이었다. 그 시절엔 대학교 선배나 사회 초년생들이 어른처럼 보였지만, 곧 깨달았다. 그들 역시 '어른'이라는 옷을 억지로 입고, 눈치를 보며 살아가는 어른 아이였다는 것을.

지금도 많은 이들이 인생의 어느 지점에서 같은 혼란을 겪는다. 언제나 미래는 막막하고, 현재는 불확실하다. 내 결정이 맞는지, 지금 이 선택이 옳은 길인지 매 순간 의심이 든다. 세상이 요구하는 기준은 점점 높아지는데, 내 안의 나는 여전히 불완전한 채로 머물러 있다. 겉은 어른이지만 속은 여전히 아이인 기분. 어쩌면 우리 모두, 그런 감정을 안고 살아가고 있는지도 모른다. 그러다 문득 이런 질문이 떠오른다. "우리는 언제쯤 진짜 어른이 되는 걸까?" 곰곰이 생각해 보면 이 질문 자체가 잘못된 걸지도 모른다.

심리학자 모건 스콧 펙$^{\text{Morgan Scott Peck}}$은 《아직도 가야 할 길》에서 "성숙은 완성이 아니라 방향"이라고 말했다. 우리가 기대하는 어른이라는 모습은 어느 순간 도달하는 지점이 아니라, 끝없이 선택하고 성장해 나가는 과정이라는 것이다. 어른이 된다는 건, 불안을 안은 채로도 앞으로 나아가는 용기를 가지는 일이다.

불안은 누구에게나 있다. 스스로에 대한 의심, 남들과의 비교, 불확실한 내일에 대한 걱정. 나 역시 예외는 아니다. 어떤 날은 잘하고 있는 것 같다가도, 어떤 날은 모든 게 낯설고 무섭다. 하지만 이런 감정이 완전히 사라지는 날은 오지 않는다. 인간은 원래 불안을 품고 사는 존재이기 때문이다. 다만 예전과 다른 점이 있다면, 우리는 이제 그 불안을 책임지는 법을 배워가고 있다는 것이다.

그러니 우리가 정말 마주해야 할 질문은 "언제 어른이 될까?"가 아니라, "나는 불안을 받아들일 준비가 되었는가?"이다. 세상은 끊임없이 더 나은 나를 요구하지만, 성장의 과정에는 여전히 서툰 내가 있다. 중요한 건 그런 나를 인정하고, 흔들리는 자신을 끌어안을 수 있는 태도다. 실수에서 배우고, 불완전한 자신을 받아들이는 자세. 그것이 진짜 '성숙'의 시작이다.

어른이 되었다고 해서 모든 것이 명확해지는 건 아니다. 오히려 선택은 복잡해지고, 책임은 더 무거워진다. 하지만 한 가지는 분명하다. 우리는 여전히 실수하고, 흔들리고, 때로는 울기도 하는 아이 같은 존재다. 다만, 이제는 그 모든 감정을 회피하지 않고 끌어안기로 '선택'한 존재라는 것이다.

지금, 이 글을 읽고 있는 당신도, 아마 그런 아이일 것이다. 겉으로는 어른처럼 말하고 행동하지만, 마음속엔 여전히 그 시절의 순수함과 불안이 함께 사는 한 명의 인간. 그래도 괜찮다. 완벽하지 않아도 괜찮고, 때로 흔들려도 괜찮다. 중요한 건 지금도 천천히 나아가고 있다는 사실이다. 그렇게 오늘 하루를 살아내며, 우리는 어른이라는 단어에 조금 더 가까워지고 있는지도 모른다.

당신의 인생은
아직 익는 중이다

　사람들은 성공한 사람의 화려한 결과에만 주목한다. 마치 완성된 요리를 눈앞에 두고는, 그저 '맛있다'라는 감상으로만 끝내 버리는 것과 같다. 하지만 진짜 중요한 건 조리 과정이다. 찌개 하나에도 단맛, 쓴맛, 신맛, 짠맛, 심지어 매운맛까지 다양한 맛이 어우러져야 비로소 깊은맛이 난다. 인생도 마찬가지다. 우리는 인생을 평가할 때 행복한 순간을 기준으로 삼지만, 실패와 고통, 외로움과 상실이 함께 어우러져야 비로소 인생이라는 '풍미'가 완성된다.

　실패, 실연, 상실, 외로움. 이런 단어들은 듣기만 해도 무겁고 꺼려진다. 그러나 이런 감정이야말로 인생이라는 커다란 냄비에 깊은 국물 맛을 내주는 핵심 재료이다. 단맛만 있는 찌개는 금세 물리듯, 행복만 좇는 삶도 금방 허전해진다. 오히려 매운맛이 있어야 정신이 번쩍 들고, 쓴맛이 있어야 무뎌진 삶의 감각이 깨어난다.

몇 년 전, 나는 꽤 긴 슬럼프를 겪었다. 아무리 노력해도 원하는 결과가 나오지 않았고, 더 이상 일이 즐겁지 않았다. 마치, 그동안 쌓아온 모든 게 물거품이 된 기분이었다. 그때는 '왜 나만 이런 일을 겪어야 하지?'라는 생각뿐이었다. 하지만 그 시간을 지나고 나서야 알게 됐다. 그 절망적이었던 순간이 오히려 나를 더 단단하게 만들어줬다는 것을. 그 쓰라림이 없었다면, 나는 타인의 고통을 이해하지 못했을 것이고, 작은 성취에도 지금처럼 진심으로 기뻐할 수 없었을 것이다.

처음에는 도무지 납득이 가지 않았다. 왜 나만 유독 쓰고 짠 순간이 많은지, 억울하고 불공평하게 느껴졌다. 하지만 찌개가 처음부터 깊은 맛을 내지 않듯이, 인생도 충분히 겪어내고 나서야 그 이유를 알게 된다. 실패도, 상처도 결국 인생의 풍미를 만들어주는 재료다. 실제로 인생의 깊이는 실패에서 배운 교훈, 상처 속에서 피어난 공감, 그리고 긴 시간에 걸쳐 쌓인 선택들이 한데 어우러져 만들어진다.

결국 인생을 산다는 건, 그 안에 들어가는 '모든 재료'를 받아들이는 법을 배우는 일이다. 지금 한창 끓고 있는 삶이 버겁게 느껴질 수 있다. 하지만 포기하지 마라. 당신이 부족한 게 아니다. 아직 인생의 각 장면을 만들어준 재료가 익을 시간이 필요한 것뿐이다. 조급함을 내려놓고, 이 순간도 당신이라는 사람을 만들어가는 과정임을 받아들여라.

실패와 후회, 불안과 외로움. 그 모든 감정을 숨기지 말고, 삶의 재료처럼 끌어안아라. 그리고 천천히, 오래도록 삶을 끓여가라. 어느 순간, 당신의 인생은 진한 풍미를 가진 찌개처럼 그 어떤 레시피로도 흉내 낼 수 없는 단 하나뿐인 인생의 맛을 완성하게 될 것이다.

희생양을
자처하지 마라

"내가 책임질게."
"걱정하지 마."

　당신은 이 말을 얼마나 자주 반복해 왔는가. 가족, 연인, 친구. 진심에서 비롯된 말이지만, 시간이 흐를수록 점점 무거워지는 책임은 당신의 어깨를 짓누른다. 말없이 감당한 희생은 어느새 타인의 고통을 당신의 일상으로 바꾸고, 어느새 당신의 삶은 누군가의 그림자 속에 갇힌다. 그럼에도 우리는 이런 삶을 당연한 듯 받아들인다. 정말 그래도 괜찮은 걸까?

　많은 사람들이 놓치는 사실이 있다. 타인의 문제는 결국 타인의 몫이라는 것. 아무리 사랑해도, 타인의 선택과 변화를 내가 대신해 줄 수는 없다. 현실은 냉정하다. 울고 애원해도, 그 사람이 스스로 결심하지 않으면 아무 일도 일어나지 않는다. 그런데도 우리는 "그 사람에게는 나밖에 없어"라는 책임감에 갇혀, 그의 삶을 대신 살아간다. 그 결과, 자신의 삶은 점점 뒷전이 되고, 반복된 희생 속에서 '이게 내 인생인가 보다'라는 체념만 남는다.

이건 선의나 책임감의 문제가 아니라 '내 삶의 주도권을 나에게 둘 수 있는가?'가 핵심이다. 타인의 감정과 기대에 맞춰 살기 시작하면, 우리는 어느새 삶의 주인공이 아니라 조연으로 전락한다. 모순은 여기서 발생한다. 도와주겠다는 순수한 마음으로 시작한 일이, 결국 삶을 파괴하고, 상대에게도 진정한 도움이 되지 않는다. 이 사실을 빠르게 인식하는 것이 회복의 첫걸음이다.

나 역시 이 감정에서 자유롭지 못한 적이 있다. 불안정한 환경에서 자란 나는 '집에서 일어나는 일은 무조건 내가 책임져야 한다'는 신념으로 살았다. 가난에 대한 공포는 나를 절실하게 만들었고, 일에만 매달리게 했다. 덕분에 많은 성과를 이뤄냈으나, 반대급부도 컸다. 어떤 일이든 전부 내 탓이라 여기며 나를 몰아세웠고, 주변 사람들로부터 "제발 남 탓도 좀 해봐"라는 말까지 들었다. 책임감은 어느새 통제를 넘어, 나를 갉아먹는 칼이 되어 있었다.

다행히도 곁에는 따뜻하고 지혜로운 사람들이 있었다.

"네 자신이 항상 먼저야. 네가 무너지면 결국 누구도 지킬 수 없어."

이 말을 여러 번 듣고 나서야, 나는 처음으로 삶에 '경계'를 긋기 시작했다. 그제야 깨달았다. 진짜 도움은, 내가 무너지지 않아야만 가능하다는 사실을.

물론 그 과정은 쉽지 않았다. 과거를 되짚고, 스스로를 용서하고, 받아들이는 시간을 반복해야 했다. 그 시간 속에서 나는 피해자가 아닌, 성장하고 있는 한 사람임을 알게 되었다. 희생이 아니라 배움의 결과로 남은 그 시간을 떠올리며, 나는 다짐했다. 다시는 같은 실수를 반복하지 않겠다고.

당신도 마찬가지다. 누군가의 삶을 대신 짊어지는 사람이 아니라, 자신을 지키며 곁에서 돕는 사람이 되어야 한다. 책임과 사랑은 모순되지 않는다. 다만, 그 균형은 오직 '스스로가 정한 삶의 경계' 위에서만 유지된다. 자신을 돌보지 않는다면, 결국 누구도 온전히 지킬 수 없다.

"이건 정말 내 몫인가, 아니면 그 사람의 몫인가."
"무엇이 나를 이토록 몰아세우고 있는가?"

조용히 자신에게 이 질문을 던져보라. 책임을 구분하는 순간부터, 삶은 달라지기 시작한다. 어디까지가 당신의 삶이고, 어디부터가 타인의 감정인지 분별할 줄 아는 연습이 필요하다.

누군가를 진심으로 돕고 싶다면, 먼저 자신을 돌보는 일부터 시작하라. 에너지가 바닥난 상태에서는 아무도 도울 수 없다. 버겁다면, 혼자 견디지 말고 믿을 수 있는 사람에게 당신의 고민을 나누어라. 그리고, 끊임없이 질문을 던져라. "이건 정말 내가 책임져야 할 일인가?", "정말 나 혼자 감당할 수 있는 일인가?" 처음에는 낯설고 어색하겠지만, 이 질문이 당신의 삶에 안전한 경계를 세워줄 것이다.

마지막으로 꼭 기억하라. 당신은 이미 충분히 애쓰고 있다. 그리고, 정말 괜찮은 사람이다. 하지만 이제는 더 이상 희생양이 되어서는 안 된다. 당신이 사랑하는 사람을 위해서도, 그리고 당신 자신을 위해서도. 타인을 위한 진짜 도움은, 내가 먼저 나를 지킬 수 있을 때 시작된다. 그러니, 이제는 희생양을 자처하지 마라.

후회 없는
삶이라는 환상

"당신은 정말 후회 없는 삶을 살고 있는가?"

이 질문 앞에 선뜻 고개를 끄덕일 수 있는 사람은 많지 않다. 우리는 하루에도 몇 번씩 크고 작은 후회를 경험한다. 카페에서 주문한 뒤에 옆 테이블 사람이 마시는 음료를 보면서 "저걸 시킬 걸 그랬나?" 생각하기도 하고, 때로는 "그때 다른 회사에 지원했으면 어땠을까?", "그 사람을 붙잡았다면…."처럼 비교적 무거운 과거를 떠올리기도 한다. 그리고 그때마다 스스로에게 다짐한다. 다음엔 후회 없는 선택을 하겠노라고.

나도 그랬다. 한때는 '후회 없는 삶'이라는 말을 진심으로 믿었고, 또 그것을 추구하며 살았다. 강연에서도, 콘텐츠에서도 늘 후회를 남기지 않는 삶의 중요성을 강조했다. 실제로 그렇게 살아보려고 시간을 쪼개 쓰고, 기회를 놓치지 않기 위해 하루하루를 바쁘게 보냈다. 25살부터는 주 7일 내내 일했으며 친구들과의 약속보다 일부터 챙겼고, "지금은 버텨야 할 때야"라는 말을 입에 달고 살았다. 늘 다음을 위해 지금을 미뤘고, 그렇게 나는 멈추지 못한 채 앞으로만 달렸다.

하지만 어느 순간, 이 말이 환상이라는 걸 알게 됐다. 후회 없는 인생은 멋져 보이지만, 현실에서는 존재하기 어려운 신기루에 가깝다. 왜냐하면 우리는 매 순간 무언가를 선택해야 하고, 선택한다는 것은 동시에 다른 가능성을 포기한다는 뜻이기 때문이다. 경제학에서 말하는 '기회비용'은 인생에서도 그대로 적용된다. A를 선택하면 B를 포기해야 하는 것처럼, 한 방향을 택하면 다른 길은 포기할 수밖에 없다. 가족과의 시간을 선택하면 일에 쏟을 시간이 줄어들고, 일에 몰두하면 소중한 사람과의 추억을 놓치게 된다.

더 중요한 사실은, 선택하지 않는 것 역시 하나의 선택이라는 점이다. "아직은 때가 아니야.", "조금만 더 준비한 다음에.", "다음 기회에 하자."고 말하며 미루는 그 순간에도, 시간은 흘러간다. 그리고 그 지나간 시간은, 다시는 되돌릴 수 없다. 미국의 심리학자 토머스 길로비치Thomas Gilovich는 1995년, 단기적인 후회와 장기적인 후회를 비교하는 연구를 진행했다. 사람들이 느끼는 후회를 분석한 결과, 단기적으로는 '했던 행동'에 대한 후회가 크지만, 장기적으로는 '하지 않았던 일'에 대한 후회가 훨씬 더 크고 오래 남았다. 즉, 나이가 들수록 우리는 "그때 해봤으면 어땠을까?"라는 아쉬움에 더 많이 시달리게 된다.

이를 다시 한번 깨닫게 해준 계기가 있다. 2024년, 나는 다양한 분야의 중장년을 상대로 인터뷰할 기회가 있었다. 겉보기엔 단순한 취미 모임을 운영하거나 소소한 클래스를 여는 분들처럼 보였지만, 그들은 수십 년의 삶을 버텨온 깊이 있는 사람들이었다. 그들에게 한 가지 공통된 질문을 던졌다.

"인생에서 가장 후회되는 순간이 있다면 언제인가요?"

그들의 답변은 전부 달랐다. 누군가는 가족을 위해 해외 발령 기회를 포기했고, 누군가는 꿈을 위해 안정적인 직장을 그만뒀다. 모든 반대를 무릅쓰고 자신의 길을 걸어 온 사람도 있었다. 그런데 놀랍게도 그들 모두가 공통으로 "지금은 그 선택이 후회되지 않는다."라고 말했다. 그들의 말 속에는, 자신이 선택한 삶에 대한 책임감과 수용이 묻어있었다. 그들이 후회하지 않는 이유는 단순했다. 모든 선택이 '본인의 의지'로 결정된 것이기 때문이다.

그때 나는 명확히 깨달았다. 우리는 종종 "다시 돌아가면 다른 선택을 할 거야"라고 말하지만, 실제로는 매 순간 그때의 내가 내릴 수 있는 최고의 선택을 했다는 것이다. 안정이 중요했기에 안전한 길을 선택했고, 지금이 좋아 현상 유지를 선택했고, 미래에 대한 열망이 있었기에 도전을 선택했다. 결정을 내리지 않았던 것도 엄연한 선택이며, 그 선택에도 분명한 결과가 따랐다. 인생에는 정답이 없다. 그저 선택만 있을 뿐이다. 그리고 후회 없는 삶이란, 실패 없는 삶이 아니라 실패까지도 감당한 삶이다.

그렇다면 우리는 어떻게 살아야 할까? 답은 의외로 단순하다. 타인에 의한 선택을 멈추고, 직접 선택의 주체가 되기로 결심하면 된다. 심리학에서 말하는 '자기결정성 이론'에 따르면, 인간의 행복과 만족은 결과보다 선택의 주체성에 더 큰 영향을 받는다. 즉, 결과가 만족스럽지 않더라도 자신이 주체적으로 내린 결정에 대해서는 후회보다 책임감을 느끼게 된다는 것이다. 반대로 타인의 기준이나 사회적 압박에 의해 내린 결정은, 좋은 결과를 가져다줘도 진정한 만족을 주지 못한다. "내가 정말 원했던 선택이었을까"라는 의문이 계속 남기 때문이다. 자칫, 일이 잘못되기라도 하면 사람들은 책임을 회피하고 남탓하기 바쁘다.

이제 작은 선택부터 내 의지로 결정하는 습관을 만들어보자. 오늘 저녁 메뉴부터, 주말 계획, 지인과의 약속 등 일상의 작은 선택들이 모여 '내 인생'이라는 궤적을 만든다. 그렇게 축적된 자율성은 삶의 주도권을 되찾아오고, 결국 그 주도권이 후회의 여지를 조금씩 줄여준다.

나는 지금도 시행착오를 겪고 있다. 하지만 이제는 안다. 실패 없는 삶이 아니라, 책임지는 삶이 더 의미 있다는 것을. 그리고 진짜 후회는 '틀린 선택'이 아니라 후회가 두려워 아무것도 선택하지 않고 흘려보낸 시간이다. 후회 없는 삶이라는 환상을 버리자. 대신 '책임지는 삶'을 선택하자. 완벽하지 않아도, 실수가 있어도, 그것이 내가 주체적으로 선택한 삶이라면 그것만으로 충분하다. 지금 당장은 선명한 길이 보이지 않을 수도 있다. 그래도 오늘 당신이 직접 내린 작은 선택 하나는 당신을 후회보다는 성장으로, 환상보다는 현실로 이끄는 가장 현실적인 대안이 될 것이다.

기대만 크고
변화는 없는 삶이 위험한 이유

"다음 주부터 진짜 다이어트 시작해야지."

구체적인 행동 없이 매번 이 말만 반복하고 있다면, 당신은 불행에 취약한 사람이다. 세상에서 가장 불행한 사람은 바로 '기대는 큰데 행동하지 않는 사람'이다.

마음속 기준은 높지만, 현실의 움직임은 턱없이 부족한 사람. 심리학에서는 이를 '기대-현실 불일치'라고 부른다. 이 격차가 클수록 사람은 쉽게 불행해진다. 목표와 현실 사이 괴리감이 쌓이면 점차 자기혐오와 좌절, 무기력으로 변해 점차 삶 전체를 잠식해 간다. 기대만 하고 행동하지 않는 것은 뇌에게 지속적인 스트레스를 가하는 일이다. 목표를 세울 때 느끼는 설렘과 실제로 아무것도 하지 않는 현실 사이의 낙차가 정신적 피로를 누적시키기 때문이다.

나 역시 한때 이런 함정에 빠져 있었다. 경제적으로 여유로운 삶을 꿈꾸며 월수입 1,000만 원이라는 목표를 세웠지만, 현실은 한 달에 100만 원을 버는 것조차 쉽지 않았다. SNS에는 성공 사례만 넘쳐났고, 나 역시 곧 그런 반열에 오를 거라 착각했다. 하지만 기대와 현실 사이의 간극이 벌어질수록 하루하루가 고통스러워졌다. 불안해하고 자책하며, 감정의 롤러코스터를 타는 날들이 계속됐다.

그러던 어느 순간 깨달았다. 문제는 기대 자체가 아니라, 그 기대에 걸맞은 행동을 하지 않는다는 것이었다. 월 1,000만 원을 벌고 싶다면 월 100만 원을 벌 때의 노력으로는 절대 불가능하다. 기대가 10배라면 행동량도 최소 10배는 되어야 했다.

그렇다면 이 위험한 상황에서 벗어나는 방법은 무엇일까? 기대와 괴리를 줄이는 방법은 크게 두 가지다.

첫째는 기대만큼의 성과를 실현하는 것.
둘째는 기대 자체를 조정해 삶의 만족도를 높이는 것.

후자는 자칫 '포기'나 '안주'로 오해받기 쉽지만, 절대 그렇지 않다. 작은 것에서 감사와 만족을 발견할 수 있는 능력은 현대 사회에서 오히려 더 강력한 생존 전략이다. 같은 저녁 식사라도 누군가는 편의점 도시락에 만족하고, 누군가는 고급 레스토랑에서 식사해야 비슷한 만족을 느낀다. 그렇다면 전자는 1/10의 비용으로도 행복할 수 있는 능력을 갖춘 셈이다. 결국 만족은 외부의 조건보다 내부의 해석에 달려 있다.

물론, 기대를 낮추는 건 말처럼 쉽지 않다. 특히 이미 한 번 높아진 기준을 다시 조정하기란 더욱 어렵다. 그래서 나는 다른 방법을 택했다. 기대는 그대로 유지하되, 그에 맞는 행동량을 늘리는 것이었다. 동시에 하루하루에 감사하는 마음을 잃지 않으려 노력했다. 2년 넘는 시간 동안 하루도 빠짐없이 새벽에 일어나 밤늦게 잠드는 생활을 반복했다. 목표 달성은 요원해 보였지만, 같은 이유로 서두르지 않았다. 대신 나에게 돈을 지불하는 고객, 함께 일하는 동료, 길을 비춰준 선배들에게 진심으로 감사했다. 이 작은 감사의 태도가 내 삶의 정서적 기반을 완전히 바꿔놓았다. 마치 공기청정기의 필터처럼 날카로운 감정을 걸러주고, 앞으로 나아갈 연료까지 손에 쥐어줬다. 그리고 시간이 지나 목표했던 숫자들도 점점 현실로 다가왔다.

지금 나는 두 가지 감정을 동시에 안고 살아간다. 하나는 더 높은 목표에 대한 갈망이다. 더 탄탄한 구조, 더 넓은 시장, 더 나은 삶을 만들어 나가고 싶다. 다른 하나는 현재에 대한 진심 어린 감사다. 하루하루에 고마움을 잃지 않으려 노력한다. 놀라운 것은 이 두 감정이 서로 충돌하지 않는다는 점이다. 오히려 균형을 이루며 서로를 지지한다. 미래를 향해 나아가는 힘은 감사에서 비롯되고, 감사는 도전의 방향을 잃지 않게 도와준다.

당신이 지금 어떤 위치에 있든 잊지 말아야 할 진리가 있다. 기대가 높다면 행동은 더 높아야 하고, 그 위에 감사가 얹어져야 비로소 행복이 완성된다. 빠른 성공만을 좇다 보면 자칫 방향을 잃기 쉽다. 세상은 각자에게 맞는 속도로 흘러간다. 만약 당신이 여전히 "다음 주부터는 정말로"라는 말을 반복하고 있다면, 이제 그 말을 멈춰야 할 때다. 기대를 낮추기 어렵다면 그 기대에 걸맞은 행동을 선택하라. 동시에 하루를 버틸 힘은 감사에서 온다는 사실을 기억하라. 꿈을 향해 나아가는 길에서 지치지 않기 위해 매 순간 감사하라. 성공은 결과가 아니라 태도에서 시작된다. 그것이 바로 목표 달성을 넘어 인생에서 진정한 행복을 찾는 유일한 방법이다.

올바른 선택이
있다는 착각

"『이기적 유전자』와 『해리포터』 중 뭐가 더 나은 책일까?"

이 질문은 단순해 보이지만 우리가 가진 사고의 틀이 얼마나 '정답 중심'에 갇혀 있는지를 보여준다. 어릴 적부터 채점지를 기준 삼아 살아온 우린, 어느새 삶에서도 정답을 구하기 시작했다. 더 좋은 학교, 더 안정적인 직업, 더 빠른 성공. 마치 객관식 문제를 푸는 것처럼 삶의 선택지 중에서도 '정답'이 있을 거라 믿는다. 하지만 정작 인생에는 채점 기준도 정답지도 없다.

일본을 길게 여행하며 다양한 사람들을 만났다. 실리콘밸리 개발자, 9개 국어를 구사하는 법조인의 아들, 다국적 기업의 디자

이너까지. 모두 남들이 부러워할 만한 삶을 살고 있었다.

하지만 가장 기억에 남은 사람은 이제 막 성인이 된 일본 여성이었다. 그녀는 도쿄에서 아르바이트를 하며 번 돈으로 매주 오사카의 게스트하우스를 찾았다. 왕복 교통비만 7만 원에 달했지만, 그 일상을 계속 반복했다. 이유는 단순했다. "언젠가 오사카에서 살아보고 싶으니까." 미래를 위한 투자도, 효율적인 계획도 아니었다. 그저 지금 하고 싶은 일이었다.

솔직히 처음엔 이해하기 어려웠다. 그 돈이면 더 의미 있는 곳에 쓸 수 있을 텐데, 매주 같은 곳을 오가는 게 무슨 의미가 있을까 싶었다. 하지만 돌이켜보니, 그건 내 기준일 뿐이었다. 그녀는 자신만의 삶을, 자신의 속도와 기준으로 살고 있던 것이다. 내가 '정답'이라고 생각하는 방식과는 달랐지만, 그녀에게는 충분히 의미 있는 시간이었다.

게스트하우스를 떠나기 전날, 그녀의 말이 지금도 선명하다.

"인생은 책 같아. 너무 빨리 읽으면, 아무것도 기억나지 않아."

그 순간, 지난 몇 년의 삶이 스쳐 지나갔다. 나는 늘 빠르게, 더 멀리 가야 한다는 조급함에 쫓겨 살았다. 목적지에 도달하는 것만이 중요했고, 그 과정에서 무엇을 느끼고 경험했는지는 별로 중요하지 않다고 생각했다. 그 결과, 내 삶은 페이지 수만 채우기 위해 급하게 읽은 책과 다르지 않았다. 결과만 남았을 뿐 기억은 없었고, 성취는 있었지만 만족은 없었다. 정답만 쫓아가느라 정작 삶의 의미를 놓친 채 살아가고 있던 것이다.

우리는 어릴 때부터 '좋은 것'의 기준을 남에게서 배웠다. 부모가 좋다고 하는 것, 선생님이 추천하는 것, 사회가 인정하는 것. 그런 기준들이 쌓이고 쌓여서 어느새 우리가 내리는 판단의 척도가 되었다. 심리학에서는 이런 현상을 '사회적 규범의 내면화'라고 한다. 우리는 사회가 만든 기준을 비판 없이 받아들이고, 그것이 진짜 내게 맞는지 묻지도 않은 채 따라간다.

문제는 이런 방식으로 살다 보면 내 삶이 점점 흐려진다는 것이다. 마치 남의 안경을 쓰고 세상을 보는 것처럼, 모든 게 뿌옇고 초점이 맞지 않는다. '좋은 대학', '안정적인 직업', '요즘 대세'. 이런 말은 그저 평균값일 뿐인데, 우리는 그것을 절대적 기준으로 받아들이며, '내 인생'을 사는 게 아닌, '사회가 정해준 인생'을 살아간다.

나는 깨달았다. 내가 걸어온 길에는 나만의 이유가 없었다. 그저 남들이 좋다고 하니까, 정답이라고 하니까 따라갔을 뿐이다. 그래서 조금만 길이 어긋나면 불안했고, 속도가 느려지면 조급했다. 내 발로 걷고 있지만 내 길은 아니었던 셈이다.

많은 이들이 인생을 바꾸기 위해 책을 읽고, 강의를 듣고, 멘토를 찾아다닌다. 하지만 정작 중요한 건, 많이 아는 게 아니라 내가 왜 이 길을 선택했는지를 아는 것이다. 아무리 좋은 정보와 조언이라도, 현재 나의 상황과 가치관에 맞지 않으면 아무런 의미가 없다. 진짜 문제를 해결하고 싶다면, 더 많은 정답을 찾을 게 아니라 자신이 내리는 선택에 대한 명확한 이유를 찾아야 한다.

지금 우리에게 필요한 건 '새로운 정답'이 아니다. 오히려 지금까지 따라온 정답들을 내 시선으로 다시 점검해야 한다.

"이 선택은 정말 나에게 맞는 선택인가?"
"내가 원해서 한 선택인가, 아니면 다른 사람들이 좋다 해서 따라 한 선택인가?"

불편할 수 있지만, 진짜 내 삶을 찾기 위해서 꼭 필요한 질문들이다.

삶은 책과 같아서 천천히 읽고 곱씹을 때 비로소 그 의미가 드러난다. 단순히 페이지를 넘겼다고 해서, 그 내용을 온전히 이해했다고 말할 수는 없다. 같은 문장을 읽고도 누군가는 흘려보내고, 누군가는 삶을 바꿀 통찰을 얻는다. 마찬가지로 같은 경험을 해도 어떻게 받아들이고 해석하느냐에 따라 전혀 다른 의미가 된다. 남들이 어떻게 평가하든 상관없다. 중요한 건 당신이 그 경험에서 찾은 주관적인 의미다.

인생에 정답은 없다. 정답이 있다고 믿는 순간, 우리는 타인의 기준에 맞춰 살게 된다. 진짜 중요한 건 무엇이 나를 설레게 하는지, 왜 이 선택을 하고 있는지를 아는 것이다. 그 과정을 생략한 채 아무리 열심히 살아도, 결국 남의 인생을 연기하는 데 그치고 만다. 그러니 이제 스스로에게 자문하자.

"나는 왜 이 삶을 택했는가?"

이 질문 앞에서 망설여진다면, 남의 정답을 좇고 있다는 신호일 수 있다. 하지만 명확하게 답할 수 있다면, 당신은 당신만의 인생을 살아가고 있는 것이다. 이 질문에 대한 답은 세상 그 누구도 대신 써줄 수 없다. 오직 당신만이 쓸 수 있다.

RISE AGAIN

무너져도
다시 일어서는 힘

: 한 걸음 더 나아가는 용기

바닥을 쳤을 때
다시 일어나는 기술

"생은 가까이서 보면 비극이고, 멀리서 보면 희극이다."

- 찰리 채플린^{Charlie Chaplin}

　롤러코스터를 처음 탔던 날, 나는 이 문장을 온몸으로 이해했다. 고소공포증이 있는 내게 롤러코스터는 공포 그 자체였다, 하지만 자존심을 내려놓을 수 없었던 나는 친구들과의 내기 끝에 결국 줄을 섰다. 출발 직전, 안전바가 흔들리는 느낌에 급히 손을 들어 직원을 불렀다. 그러자 직원은 웃으며 말했다. "원래 그런 거예요." 이상하게도 그 말이 위안이 됐다.

　"아, 원래 흔들리는 게 정상이구나."

인생도 마찬가지다. 완벽히 고정된 순간이란 애초에 존재하지 않는다. 인생은 롤러코스터보다 훨씬 더 복잡하고 위험하다. 놀이기구에는 최소한 안전장치라도 있지만, 현실에는 그런 보장이 없다. 한 번의 선택이 어떤 결과로 이어질지 누구도 예측할 수 없고, 작은 실수 하나가 예상치 못한 고통을 가져오기도 한다. 그렇다면, 이 불확실한 삶을 우리는 어떻게 견디고 대비해야 할까?

많은 이들은 인생의 내리막길에서 주저앉는다. 곧 회복될 것이라 믿기보다는, 이 상황이 끝이라는 절망에 빠져버린다. 하지만 내리막이 있다는 건, 다시 오를 길이 있다는 뜻이다. 롤러코스터의 절반이 내리막이듯, 인생도 하강과 상승을 반복한다. 고통을 회피하려 할수록, 우리는 매 순간을 두려움 속에서 살아가게 된다. 오히려 그 하강조차 삶의 일부로 받아들일 때, 비로소 시련을 유연히 받아들일 수 있다.

고대 스토아 철학자 세네카Seneca는 "삶의 고통은 피할 수 없지만, 그것을 바라보는 시선은 선택할 수 있다."라고 말했다. 상황을 완벽히 통제할 수는 없어도, 그것을 어떻게 받아들일지는 우리의 몫이라는 뜻이다. 결국 우리에게 필요한 건 완벽한 상황이 아니라, 불완전한 순간을 견디는 내면의 기술이다.

다음 세 가지 마인드만 갖춰도 인생의 불완전함으로부터 자유로워질 수 있다.

첫째, 인생의 모든 국면을 자연스러운 흐름으로 받아들이자.

인생에 좋은 날만 있길 기대하는 건, 영원히 비가 오지 않기를 바라는 것과 같다.

둘째, 지금의 고통 또한 지나간다는 사실을 기억하자.

대부분 문제는 생각보다 빨리 지나가고, 그저 하나의 기억으로 남는다.

셋째, 불확실성을 삶의 일부로 받아들이자.

예측 가능성에만 매달릴수록 우리는 작은 변화에도 쉽게 휘청거린다. 오히려 불확실성과 친해질 때, 어떤 상황에서도 다시 일어설 힘을 얻게 된다.

앞서 말했듯 삶은 롤러코스터다. 오르막과 내리막이 반복되고, 그 여정을 마친 뒤 돌아보면, 모든 순간이 하나의 이야기로 이어져 있음을 알게 된다. 그때 꽉 붙잡았던 흔들리는 안전바조차, 웃으며 이야기할 추억거리가 된다. 그러니 지금 당신이 어디에 있든, 두려워하지 말자. 오르막이든 내리막이든, 모두 당신 삶의 한 장면일 뿐이다.

만약 당신의 인생이 하강 구간에 있다면, 잠시 멈춰 깊게 숨을 쉬어보자. 그리고 억지로 무언갈 하려 하지 말고 삶의 흐름에 몸을 맡겨보자. 이 순간도 곧 지나간다. 이건 단순한 위로가 아니다. 삶은 본래 그렇게 설계되어 있다. 그 뒤에는 다시 마음을 다잡고, 앞으로 나아가라. 아주 작은 걸음이라도 괜찮다. 중요한 건, 방향이 다시 위쪽을 향하고 있다는 점이다.

인생의 절반은 내리막이지만, 나머지 절반은 언제나 오르막이다. 이 단순한 진실을 잊지 말자. 당신이 견디고 있는 바로 그 순간이, 다음 오르막을 위한 출발점이 될 테니까.

절망의 끝에서 찾은
인생 역전 공식

인생은 때때로 아무런 전조도 없이 무너진다. 잘 나가던 일이 갑자기 틀어지고, 예상치 못한 사고가 일상을 덮치며, 세상이 나를 시험하는 듯한 시기가 온다. 하나의 문제가 끝나기도 전에 또 다른 문제가 겹치고, 감당할 수 없을 정도의 고통이 한꺼번에 밀려온다.

사람들은 이런 순간에 "왜 하필 나인가?"를 묻지만, 냉정하게 말해 그런 질문으로는 상황을 바꿀 수 없다. 오히려 이 상황을 어떻게 견디고 넘어설 것인지가 더 중요하다. 그리고 그 해답은 바깥이 아닌, 내 안에 있다.

내게도 그런 순간이 있었다. 아버지께서 갑작스레 쓰러지셨고, 병원 응급실에서 의사는 조용히 나를 불러 "조금만 늦었으면 돌아가실 뻔했다."라고 말했다. 한 명뿐인 누나는 임신 중이었고, 어머니는 말없이 병원 복도에 앉아 계셨다. 각종 동의서를 정신 없이 작성하고 밖으로 나오니, 그제야 현실이 체감됐다. 하지만 멍하니 있을 시간은 없었다. 보호자 대기실 의자에 앉아 떨리는 손으로 노트북을 펼쳤다.

숨을 크게 들이마신 뒤, 나는 평소처럼 영상을 만들었다. 당장 가족이 쓰러졌는데 일이라니, 누군가에겐 납득하기 힘든 행동일지 모른다. 하지만 내겐 선택지는 없었다. 지금 처한 현실을 바꾸지 않으면, 앞으로도 병원비조차 감당하지 못하는 상황이 반복될 게 분명했기 때문이다.

나는 절박했고, 그 절박함은 나도 모르는 사이 내 몸을 움직이게 했다. 그날 올린 영상과 함께 남긴 글은, 내 인생에서 가장 쓰기 어려웠던 글이었다. 감정을 삼키고 문장을 고치고, 열 번도 넘게 처음부터 다시 읽었다. 그렇게 완성한 글과 영상은, 지금도 내 삶을 바꾼 전환점으로 남아있다. 그날, 나는 중요한 사실 하나를 배웠다.

위기는 사람을 멈추게도 하지만, 동시에 인생을 바꾸는 기회를 숨기고 있다는 것.

사람들은 종종 '완벽한 타이밍'이 오기를 기다린다. 하지만 그런 순간은 없다. 모든 게 순조로울 땐 변화할 이유를 찾지 못한다. 진짜 변화는 언제나 무너지는 순간에 시작된다. 두려움, 눈물, 고통이 하나로 범벅되어 생겨난 '절박함'은 지금과는 다른 선택으로 나를 이끈다.

심리학자들은 이를 '외상 후 성장 Post-Traumatic Growth'이라고 부른다. 인간은 극도의 스트레스와 위기 상황에서 오히려 이전보다 더 강한 회복력과 성장을 보인다. 마치 근육이 미세한 파열을 통해 더 두꺼워지고 강해지는 것처럼, 우리의 정신도 깨짐을 통해 더 단단해진다.

2년이 지난 지금, 내 인생은 그때의 내가 상상하지 못할 정도로 달라졌다. 무엇보다 그날의 경험은 내 안에 쉽게 꺾이지 않는 내면의 근력을 남겼다. 이제 나는 안다. 무너지는 순간이야말로 성장이 시작되는 순간이라는 것을.

살다 보면 누구에게나 무너지는 시점이 있다. 그때 누군가는 쓰러지고, 누군가는 다시 일어난다. 그 차이는 실력이 아니라, 중심이 어디 있느냐의 차이다. 외부에 기대는 사람은 환경이 흔들릴 때 함께 흔들리고, 내부에 중심을 세워 놓은 사람은 겉을 둘러싼 환경이 무너져도 몇 번이고 다시 중심을 찾는다.

새는 나뭇가지를 믿고 앉아있는 것이 아니라, 자신의 날개를 믿고 앉아 있다. 우리도 자기 자신을 믿어야만 삶을 다시 시작할 수 있다. 몇 번이고 나뭇가지가 부서져도, 날갯짓만 제대로 한다면 다시 날아오를 수 있다. 그리고 그 믿음은 수없이 부서지는 현실 앞에서 끝끝내 포기하지 않은 사람만이 얻을 수 있는 강력한 내면의 무기다.

이 글을 읽고 있는 당신도 인생에서 가장 힘든 시기를 지나고 있다면 가장 먼저 해야 할 일은 세상을 원망하거나 과거를 되짚는 것이 아니라, 자신에게 이 질문을 던지는 거다.

"나는 이 현실을 넘어설 준비가 되었는가?"

지금 당장 완벽하지 않아도 좋다. 계획, 돈, 여유, 전부 없어도 괜찮다. 다만 정말 절실한지 스스로에게 물어라. 만약 그렇다면, 당신은 이미 절반은 도달한 것이다. 간절함에는 불가능을 뚫는 힘이 있다. 세상이 아무리 나를 흔들어도, 내가 끝까지 희망을 붙잡는 한, 내 안의 날개는 절대 힘을 잃지 않는다.

무너지는 순간, 우리는 선택할 수 있다. 이 상황을 끝으로 볼 것인가, 아니면 시작으로 볼 것인가. 외부는 통제할 수 없지만, 내 선택과 태도는 지금도 바꿀 수 있다. 모든 걸 잃었다고 생각한 순간은 끝이 아니라 시작일 뿐이다. 진짜 위기는 현실이 무너지는 게 아니라, 내가 나를 믿지 못할 때 시작된다.

아무도 보지 않아도 괜찮다. 누가 응원해 주지 않아도 괜찮다. 내가 나를 믿는다면, 그 믿음이 삶의 중심이 되어줄 것이다. 당신은 무너지기 위해 태어난 존재가 아니다. 수없이 떨어져도 결국 다시 날기 위해 태어난 사람이다. 그러니 당신이 딛고 서 있는 나뭇가지를 믿지 말고, 당신의 날개를 믿어라. 그 믿음만 있으면 그 어떤 시련도 넘어설 수 있다.

당신의 생각은 사실
당신 것이 아니다

"딱 10분만 유튜브 보다 자야지."

   이 말을 100% 지킬 수 있는 사람이 얼마나 될까? 2025년, 우리는 '알고리즘의 시대'를 살고 있다. 아침에 눈을 뜨자마자 핸드폰을 켜고, 무의식적으로 손가락을 움직이며 수많은 정보를 얻는다. 그러다 보면, 검색하지 않아도 알고리즘이 나보다 먼저 알고 있다는 듯, 나의 관심사와 감정 상태를 예측해 새로운 콘텐츠를 던져준다.

   당연히 10분 뒤에 핸드폰을 끄겠다던 자신과의 약속은 5분, 10분 점차 그 시간이 늘어나고, 결국 30분을 넘기고서야 핸드폰 불빛이 꺼진다. 그런 순간마다 자책하지만, 문제는 반복된다. 이는 비단 당신의 잘못만은 아니다. SNS, 숏폼 등의 매체를 만들 때 수많은 전문가가 우리의 감정과 그에 따른 행동을 설계했기 때문이다.

문제는 이뿐만이 아니다. 온라인상에 정보는 넘치지만, 점차 그 안에서 무엇을 믿고 따라야 할지에 대한 기준은 점점 사라지고 있다. 특히 최근에는 정치나 사회 이슈뿐만 아니라, 어떤 주제에서든 의견충돌이 보다 극명하게 드러나고 있다.

영화 한 편을 두고도 누군가는 '올해 최고의 작품'이라 극찬하고, 동시에 누군가는 '시간 낭비'라고 혹평한다. 물론, 같은 작품에 다른 해석이 존재하는 것은 당연하다. 문제는, 이들 중 상당수가 서로 다른 알고리즘을 통해 누군가의 의견을 먼저 접한 뒤, 그들의 의견에 맹목적으로 동조하고 있다는 사실이다.

"인간은 점차 스스로 사고하는 능력을 잃어가고 있다."

이처럼 기준이 사라진 시대에 아이러니하게도 우리에게 가장 필요한 것은 '철학'이다. 여기서 말하는 철학은 고대 철학자들의 이론이나 학술적인 개념이 아니다. 그보다 훨씬 본질적인 것, 스스로에게 질문을 던지고 사유하는 능력을 말한다. 무엇이 옳고 그른지를 누가 대신 정해주는 것이 아니라, 스스로 생각하고 판단할 수 있는 내면의 기준을 세우는 힘을 길러야 한다.

"당신은 지금까지 진실이라 믿었던 것이 거짓이었다는 사실을 받아들일 준비가 되었는가?"

우리는 수많은 정보와 의견 속에서, 어떤 가치관으로 세상을 바라볼 것인지 결정해야 한다. 그런데 많은 이들은 이러한 시도 자체를 하지 않는다. 아니, 애초에 질문하는 법을 잊었다. 스스로 생각하기보다, 더 빠르고 강한 주장에 휩쓸리고, 그렇게 스며든 주장을 본인의 것이라 착각한다.

그렇게 외부에 의해 생긴 기준으로 인생을 살아간다. 트렌드에 따라 생각이 흔들리고, 유튜브 알고리즘의 추천 영상에 따라 가치관이 재편된다. 물론, 타인의 의견도 참고해야 한다. 하지만 참고가 주도권을 넘겨주는 것으로 변질되면 문제는 심각해진다. 내가 나를 이해하지 못한 채, 세상이 정해 놓은 '가짜 정답지'에 끌려가는 존재가 되는 것이다. 그럴수록 삶의 방향은 흔들리고, 선택에 앞서 질문해야 한다는 사실조차 잊는다.

기준이 없는 삶은 방향키를 잃은 배와 같다. 아무리 속도를 내도 어디로 가는지 모른다면, 그 노력은 무의미하다. 반대로 단단한 내면의 기준이 있다면, 외부의 소음 속에서도 중심을 지킬 수 있다. 철학이 필요한 이유는 바로 여기에 있다. 정답을 말해주는 도구가 아니라, 나만의 판단 기준을 세우는 토대이기 때문이다. 그리고 이 기준은 삶의 모든 영역에 영향을 준다. 진로, 인간관계, 소비, 시간 관리, 무엇 하나 예외가 없다.

지금 이 순간, 당신은 어떤 삶의 기준을 갖고 살아가고 있는가? 그 기준은 진짜 당신의 생각인가, 아니면 누군가에게서 빌려온 목소리인가? 우리는 살면서 선택을 피할 수 없다. 선택은 곧 삶이고, 반복되는 선택이 인생을 만든다. 그렇기에 '삶의 기준'은 외면할 수 있는 정도의 일이 아니다. 삶을 내 뜻대로 살아가고 싶다면, 먼저 내 안의 기준부터 세워야 한다.

세상이 점차 시끄러워질수록, 당신이 만든 기준은 더욱 빛을 발할 것이다. 진실을 구별하는 능력, 나에게 맞는 가치를 추구할 수 있는 내면의 힘이야말로, 지금 시대에서 최고의 경쟁력이다. 알고리즘에 삶의 주도권을 넘기지 않도록, 끊임없이 스스로 질문하라. 그리고 그 질문에 당당히 답할 수 있을 때, 비로소 외부의 소음에 의해 더 이상 흔들리지 않게 된다. 그때가 진짜 당신이 당신의 인생에 주인이 됐을 때다.

인생을 180도 뒤집는
3가지 선택

"로또라도 된 거야?"

한때 바닥을 치던 사람이 몇 년 만에 완전히 다른 삶을 살고 있는 모습을 보면, 사람들은 흔히 이렇게 생각한다. '뭘 그렇게 잘한 걸까?', '어떤 기회를 잡은 걸까?', '정말 저 사람에게만 우연히 찾아온 한 방이 있었던 걸까?'

하지만 가까이서 보면, 인생을 180도 바꾼 사람들의 변화는 놀랍도록 단순한 지점에서 시작된다. 운도 있었고, 타이밍도 작용했겠지만, 그보다 더 본질적인 공통점은 바로, 스스로 삶의 기준과 태도를 완전히 바꿨다는 점이다.

많은 사람이 고착된 인생을 바꾸고 싶다고 말한다. 하지만 정작 바꿔야 할 것을 바꾸지 못한 채, 늘 같은 자리에 머무른다. 무언가를 추가하려 애쓰지만, 무엇을 내려놓고 바꿔야 하는지는 생각하지 않는다. 진짜 변화는 거창한 목표나 운 좋은 사건이 아니라, 작지만 확실한 선택과 관점의 전환에서 시작된다.

지금부터 이야기할 세 가지는 인생 역전에 성공한 사람들에게서 공통적으로 나타나는 패턴이다. 이들의 변화는 결코 우연이 아니라 의도적인 선택이자, 더 나은 삶을 위한 전략적 사고방식이었다.

첫째, 불필요한 것을 과감히 '정리'한다.

새로운 삶을 시작한다고 해서 무언가를 계속 더해가는 건 아니다. 오히려 중요한 건 덜어내는 일이다. 실제로 인생을 뒤바꾼 사람들을 보면, 하나같이 과거의 집착, 비교, 남의 기준, 실패한 자아상 같은 것들을 먼저 내려놓았다. 붙잡고 있는 과거가 발목을 잡고 있다는 걸 인식한 순간, 그들은 과감히 손을 놓는 쪽을 택했다.

무엇보다도, 이들은 잃는 것에 대한 두려움보다 계속 붙잡고 있을 때 더 크게 잃을 수 있다는 사실을 더 두려워했다. 지나간 일에 계속 매달리면, 지금 눈앞에 있는 기회조차 놓치기 때문이다. 새출발이란 더하기가 아니라, 빼기의 용기에서 시작된다.

둘째, 고통을 끝이 아닌 시작으로 본다.

인생을 바꾼 사람들은 실패를 종착점이라고 여기지 않는다. 오히려 그 안에서 새로운 가능성의 신호를 찾아낸다. 이들에게 실패는 '내가 뭘 잘못했나'로 끝나는 자책이 아니라, '이제 어떻게 새로 시작할까?'라는 질문의 출발점이다.

"왜 하필 나한테 이런 일이 생긴 거지?"라는 원망 대신, "이 경험을 통해 내가 더 성장한 부분은 무엇일까?"를 묻는다. 해석이 달라지면, 같은 고통도 180도 다르게 느껴진다.

물론 누구에게나 실패는 아프다. 하지만 인생 역전에 성공한 사람들은 그 아픔을 단순히 견디기만 하는 게 아니라, 그 속에서 의미를 찾고 성장의 재료로 활용한다. 이들은 상처 위에서 멈춰 서 있지 않는다. 그 자리에서 다시 일어설 힘을 기른다.

셋째, 비상식적인 목표를 세우고 진심으로 믿는다.

그랜드 카돈$^{Grant\ Cardone}$은 《10배의 법칙$^{The\ 10X\ Rule}$》에서 "사람들이 인생에서 저지르는 가장 큰 실수는 목표를 충분히 높게 설정하지 않는 것"이라고 말했다.

실제로 인생을 180도 뒤집은 사람들은 대부분, 상식적인 수준을 한참 뛰어넘는 목표를 세우는 데 주저하지 않았다. 이들은 현실에 맞춘 목표가 아니라, 현실을 바꿀 목표를 세웠고, 그 목표에 맞는 수준으로 꾸준히 행동했다.

인생을 바꾸는 결과를 원하면서 똑같은 노력만 반복해선 아무것도 달라지지 않는다. 진짜 변화를 만든 사람들은 대부분 10배로 상상하고, 10배로 움직였다. 그들은 비상식적인 실행력을 자연스럽게 여기기에, 중간중간 오는 작은 실패 정도는 흔들림 없이 넘어간다. 결국 이들의 인생이 바뀐 건 단순한 행운이 아니라, 그만한 변화를 감당할 준비를 해뒀기 때문이다.

기회는 준비된 자에게 온다.

누군가는 운이 좋아 기회를 잡고, 누군가는 기회가 없어서 계속 제자리걸음일까? 그렇지 않다. 기회는 사실 모든 사람에게 비슷하게 찾아온다. 다만 인생 역전에 성공한 사람들은 그 기회를 알아보고, 믿고, 잡을 준비가 미리 되어 있었을 뿐이다.

인생을 바꾼다는 건, 하루아침에 극적인 변화를 일으키는 일이 아니다. 오히려 그것은 바닥을 친 그 시점에서 스스로에게 다시 묻고, 다시 세우고, 다시 믿는 일을 꾸준히 반복하는 것이다. 180도 바뀐 인생의 비밀은 바로 그 작은 반복에 숨어 있다.

99%가 놓치는
인생 역전의 순간

"저는 이제 앞으로 어떻게 살아야 할까요?"

인스타그램 '현사이트' 채널에는 매일 같이 긴 사연이 도착한다. 가족을 잃은 사람, 예상치 못한 빚으로 삶이 무너진 사람, 어린 시절부터 학대를 버텨온 사람까지. 그들이 보낸 메시지를 읽을 때면 두 가지 감정이 교차한다.

'내가 감히 타인의 인생에 조언할 자격이 있을까.'
'어떤 말을 건네야, 이 사람을 조금이라도 위로할 수 있을까.

감정이 가라앉을 때쯤, 나는 조심스럽게 답장을 적기 시작한다. 항상 같은 문장으로 시작한다.

"조언을 하려는 건 아닙니다. 다만, 이렇게 생각을 하는 사람도 있구나 하고 가볍게 읽어주시면 좋겠습니다."

나는 보통 고민을 들으면 두 가지를 전달한다.

첫째, 당신이 지금 이토록 진지하게 고민하고 있다는 사실 자체가, 이미 남들과는 다른 출발선에 서 있다는 뜻이다. 현실을 아무 의심 없이 받아들이는 사람은 결코 질문을 던지지 않는다. 주어진 현실을 깨고 나올 방법을 찾는다는 건, 이미 인생을 바꿀 시작점에 서 있다는 뜻이다.

둘째, 지금 내리는 선택이 전부가 아니라는 사실이다. 우리는 한 번의 실수, 하나의 사건으로 인생 전체가 무너질 거라 착각하지만 삶은 수많은 시행착오와 후퇴와 전진의 반복 속에서 비로소 형태를 갖춘다. 지금 어떤 선택을 하든, 그건 시작일 뿐이다. 완벽한 선택은 존재하지 않는다. 중요한 건, 한 번의 실패에 매몰되지 않고, 다시 일어나 앞으로 나아가는 힘이다.

나는 그들에게 무조건 할 수 있다고 말하지는 않는다. 그 대신, '현실'이라는 단어에 너무 쉽게 굴복하지는 말라고 이야기한다. 사회가 정한 '평균'이라는 삶의 틀에 자신을 억지로 끼워 맞추지 말라는 뜻이다. 지금 처한 환경 안에서도 충분히 당신만의 가능성을 찾을 수 있다. 누군가는 환경이 너무 열악하다고 말할지 모른다. 하지만 극한의 환경 속에서도, 인생의 전환점을 찾은 사람은 생각보다 많다. 그 변화는 당신에게도 충분히 일어날 수 있다. 단, 스스로 그렇게 믿고 단념하지 않는 한에서 말이다.

세상은 종종 잔인한 말로 우리를 시험한다.
"그게 됐으면 이미 누군가 했겠지."
"네가 그 사람들에 비해 잘난 게 뭐야?"
"지금 와서 시작하기에는 너무 늦었어."

물론, 현실적인 조언이 항상 틀린 건 아니다. 하지만, 그런 말 중 일부는 과거에 시도조차 하지 못했던 이들이 만들어낸 합리화일 수 있다. 때로는 가난이 성공의 시기를 앞당기기도 하고, 늦었다고 생각한 순간이 시행착오를 피할 최적의 타이밍일 수도 있다. 당신은 이미 마음속으로 그 답을 알고 있다. 다만, 세상에 당신과 같은 사례가 없기에 망설이고 있을 뿐이다.

현실은 우리를 시험하고, 때로는 그 앞에 무릎 꿇게 만든다. 여기서 반드시 기억해야 할 것이 있다. 진짜 강한 사람은 현실과 마주하고도, 가능성을 꺾지 않는 사람이다. 넘어져도 괜찮다. 다만, 가능성을 스스로 저버리지만 말자. 시작조차 하기 전에 가능성에 선을 긋는 건, 행복할 자격을 땅에 버리는 것과 다름없다.

현실이 어렵다면, 그 안에서 당신이 될 수 있는 최고의 모습이 되어라. 그 시도가 또 다른 시작이 되어, 당신의 삶을 예상치 못한 지점까지 이끌어줄 것이다. 될 수 있는 최고의 나로 살아라. 그것이 인생을 바꾸는 가장 현실적인 방법이다.

두려움을 뒤집으면
기회가 보인다

새로운 일을 시작하기 전, 우리는 종종 주변에 의견을 묻는다. 처음에는 단지 더 나은 방법을 위해 조언을 구했을 뿐이다. 하지만, 대화가 길어질수록 처음의 결심은 흐려지고, 그 자리에 새로운 걱정과 두려움이 스며든다.

"그건 이미 레드오션이야."
"실패하면 어떡하려 그래?"

말은 걱정처럼 들리지만, 이런 말들은 애써 불태운 열정에 찬물을 끼얹는다. 머릿속은 어느새 실패의 가능성과 위험 요소로 가득 찬다. 그렇게 결국 시작도 해보지 못한 일 앞에서, 마치 이미 실패한 사람처럼 낙담하며 살아간다.

이런 경험이 있다면 반드시 기억해야 할 감정이 있다. 바로 '두려움'이다. 두려움은 단순한 나약함이 아니라, 인간이 생존을 위해 진화시켜 온 '방어 시스템'이다. 인간은 원래 위험을 피하고 살아남기 위해, 불확실성을 본능적으로 회피하도록 설계되어 있다.

신경과학자 조셉 르두$^{Joseph\ LeDoux}$는 두려움을 "뇌가 위협을 감지할 때 즉각적으로 작동하는 방어 장치"라 설명한다. 문제는, 이 감정이 잘못 작동하거나 필요 이상으로 증폭될 때다. 실제로 물리적 위협이 없는 상황에서도, 상상 속 시나리오만으로 뇌는 경보를 울리기 시작한다. 마치 어두운 그림자만 보고도 누군가 따라온다고 믿는 것처럼, 존재하지 않는 위험조차 두려움은 현실처럼 느끼게 만든다. 그 순간 두려움은 나를 보호하는 감정이 아니라, 나를 묶어두는 족쇄로 변한다.

현대 사회에서 가장 흔한 두려움은 '실패에 대한 공포'다. 우리는 어릴 때부터 실수하면 감점되고, 기준에 못 미치면 낙오자로 분류되는 교육 시스템 속에서 성장했다. 그래서 새로운 일을 시작할 때, 무의식적으로 '실패 가능성'을 계산하며 스스로 발걸음을 멈춘다.

그러나 여기서 다시 한번 스스로에게 물어야 한다. "그 실패는 정말 치명적인가?" 대부분의 실패는 삶을 무너뜨리지 않는다. 오히려 실패보다 더 큰 문제는, 시도조차 하지 않는 나약함, 그 실패를 '종말'처럼 상상하는 우리의 사고다. 실패는 낙인이 아니라 피드백이고, 성장의 단서다. 시작하지 못하는 이유는 실패를 감당하지 못해서가 아니라, 실패를 과도하게 해석하기 때문이다. 그렇다면 두려움을 넘어서는 방법은 무엇일까?

먼저, 세 가지 생각의 전환이 필요하다.

첫째, 두려움은 없애는 게 아니라 '조율'해야 할 감정이다.

두려움을 무조건 이겨내야 한다고 생각하면 오히려 감정에 휘둘리기 쉽다. 그보다 그 감정이 어디에서 비롯되었는지를 정확히 바라보는 일이 더 중요하다.

둘째, 모든 생각은 행동이 있어야만 유의미하다.

아무리 좋은 아이디어도 실행하지 않으면 무의미하다. 두려움은 행동을 시작한 순간 가장 빠르게 사라진다. 실제로 뇌는 실행이 시작된 순간 위협을 실체로 인식하지 않기 시작한다. 한 발을 내디딘 사람만이 불안을 뒤로할 수 있다. 행동은 두려움의 가장 현실적인 해독제다.

셋째, 우리는 실패보다 '사람들의 시선'을 더 두려워한다.

즉, 본질은 실패가 아니라 '인정받지 못할까 봐' 생겨난 두려움이다. 그러나 타인의 시선은 당신의 결과를 책임지지 않는다. 아무리 논리적이고 친절한 조언이라도, 그 말이 당신의 인생을 살아주는 건 아니다. 결국 우리는 타인의 눈이 아니라, '미래의 내가 지금의 나를 어떻게 볼 것인가'하는 시선을 더 의식해야 한다. 후회는 대개 도전의 실패보다, 도전하지 않았던 과거에서 온다.

실질적인 해결책은 단순하다. 아주 작고 구체적인 행동부터 시작하면 된다. 나만의 회사를 만드는 게 꿈이라면, 사업자를 내기 전에 하루 30분씩 시장조사를 하고, 작가가 되고 싶다면, 매일 300자씩 글을 써라. 두려움은 추상적일수록 커지고, 행동은 구체적일수록 현실이 된다. 이 간단한 원리가 삶을 바꾼다.

두려움은 완전히 없앨 수 없는 존재지만 어느 정도는 다룰 수 있다. 감정은 선택이 아닌 반응이다. 우리가 해야 할 일은 그 반응을 이해하고, 그 위에 행동을 덧붙이는 것이다. 두려움을 마주한 자만이 그 너머의 가능성을 볼 수 있다. 행동하는 자만이, 두려움의 뒷면에 숨겨진 기회를 현실로 만들 수 있다.

기억하라. 두려움은 생존을 위한 본능이지만, 동시에 당신의 발을 묶는 족쇄가 될 수도 있다. 그 차이는 단 하나, 당신이 그 감정을 어떻게 다루느냐에 달려 있다. 감정에 끌려갈 것인가, 감정을 끌고 갈 것인가. 인생은 이 질문에 어떻게 답하느냐에 따라 달라진다.

관점만 바꿨을 뿐인데
세상이 변했다

사람은 세상을 있는 그대로 보지 않는다. 누구나 자신만의 관점, 즉 '프레임'을 통해 현실을 해석한다. 똑같은 장면도, 누구의 눈으로 보느냐에 따라 전혀 다른 의미가 된다.

간단한 예를 들어보자. 유치원에 가는 아이가 아침 하늘을 올려다보며 구름을 보고 웃는다. 아이에게 그 구름은 하루를 기분 좋게 만들어주는 선물이다. 하지만, 같은 하늘을 본 농부의 표정은 어둡다. 맑은 날을 기다리던 그에겐, 저 구름이 또 한 번의 비를 의미하기 때문이다. 출근길 직장인은 아예 하늘을 올려다보지도 않는다. 마지막으로 하늘을 본 게 언제였는지조차 기억나지 않는다.

사람에 따라 세상을 해석하는 방식은 다르지만 꼭 사람이 달라야만 그런 차이가 생기는 건 아니다. 매일 똑같은 하루를 보내도, 같은 길을 걸어도, 단 하나의 조건만 달라져도 세상을 다르게 볼 수 있다. 이를 가장 잘 보여주는 순간이 바로 '지각했을 때'다.

평소엔 아무렇지도 않던 신호등이 유난히 길게 느껴지고, 늘 타던 버스가 오늘따라 느리게 가는 것 같고, 평소와 다름없는 거리인데도 유난히 사람들로 붐비는 것처럼 답답하다. 하지만 실제로 변한 것은 없다. 바뀐 건 단지 '내가 처한 상황'과, 그 상황을 바라보는 '나의 태도'뿐이다.

결국 우리가 살아가는 세상은 객관적인 실체가 아니라, 내가 어떤 '프레임(시각)'으로 해석하느냐에 따라 달라지는 주관적 현실이다. 이 말은 곧, 삶을 가장 빠르게 바꾸고 싶다면, 현실이 아니라 그 현실을 바라보는 프레임을 바꿔야 한다는 뜻이다.

심리학에서는 이를 '프레이밍 효과$^{Framing\ Effect}$'라고 부른다. 같은 상황이라도 어떤 틀 안에서 인식하느냐에 따라 우리의 감정과 행동은 완전히 달라진다. 예를 들어, "이 약을 먹으면 90%의 확률로 생존합니다."와 "이 약을 먹으면 10%의 확률로 사망합니다."의 의미는 같지만, 전혀 다른 감정을 유발한다. 결국, 우리가 경험하는 삶의 질은 '현실'이 아니라, 그 현실에 대한 해석의 결과물인 셈이다.

그렇다면 인생을 바꾸는 가장 빠른 방법은 무엇일까? 바로, 내 삶을 바라보는 '프레임'을 바꾸는 것이다. 이러한 관점 전환은 단순한 심리적 위안이 아니라 삶의 방향과 행동의 질, 그리고 결과의 수준까지 바꿔놓는다.

부자들은 위기를 '기회'로 해석하고, 엘리트 운동선수들은 실패를 '데이터'로 받아들인다. 사업가는 거절을 '시장 반응'으로 받아들이고 전략을 조정한다. 현실은 물과 같고, 프레임은 그 물을 담는 컵이다. 같은 물도 컵이 다르면 모양이 달라지듯, 세상도 내가 어떤 그릇으로 받아들이느냐에 따라 달라진다.

《의도의 힘 Power of intention》의 저자 웨인 다이어 Wayne W. Dyer는 이렇게 말했다. "상황을 바라보는 방식을 바꾸면, 바라보는 상황이 바뀐다." 같은 시장에서도 누군가는 '불황'에 주저앉고, 누군가는 '변화의 기회'로 해석하며 도약한다. 같은 실패를 겪어도 누군가는 좌절하고, 누군가는 이를 성장의 자산으로 삼는다. 프레임이 반응을 만들고, 반응이 결과를 만든다.

그렇다면 한 번 굳어진 프레임은 어떻게 바꿀 수 있을까? 사실 여기에는 거창한 결심이 필요하지 않다. 시작은 언제나 작은 '해석' 하나에서부터 비롯된다.

아침에 눈을 뜨며 "또 힘든 하루가 시작됐다."가 아니라 "다시 한번 인생을 바꿀 기회가 왔다."라고 생각해 보자. 실수했을 때

"역시 난 안 돼." 대신 "하나 더 배웠다."라고 말해보자. 생각은 곧 감정이 되고, 감정은 행동을 이끌며, 행동은 당신의 인생 전체를 움직인다.

세상이 변하기를 기다릴 필요는 없다. 먼저 바뀌어야 할 건 '현실'이 아니라, 그 현실을 바라보는 당신의 시선이다.

삶의 본질은 상황이 아니라 해석이다. 외부 환경은 통제하기 어렵지만, 내 안의 프레임은 지금, 이 순간에도 바꿀 수 있다. 과거는 되돌릴 수 없지만, 지금의 시선은 미래의 가능성을 완전히 새롭게 열 수 있다. 진짜 변화는 언제나 프레임을 바꾸는 것에서부터 시작된다. 그리고 그 선택은, 언제나 당신의 몫이다.

당신의 생각이
내일의 현실을 만든다

세상은 단순히 운으로만 움직이지 않는다. 상상은 우연을 기회로 바꾸는 힘이 있다. 지금까지 살아온 시간을 돌아보면, 내가 원하는 장면을 자주 떠올릴수록, 세상은 그것을 더 자주 내게 보여주기 시작했다. 마치 "여기에 기회가 있다"라고 조용히 속삭이듯이. 이 현상은 흔히 '끌어당김의 법칙'이라 불리지만, 심리학에서는 '선택적 인식 Selective Perception'과 '주의 편향 Attentional Bias'이라는 개념으로 설명된다.

새 신발을 사면 이상하게도 거리에서 같은 신발만 눈에 들어온다. 우리는 어디에 주의를 두느냐에 따라 세상을 다르게 인식한다. 중요한 건 "얼마나 자주 생각하느냐"가 아니라, "무엇을 중심으로 생각하느냐"다. 뇌는 주의를 기울이는 대상을 삶의 중심으로 끌어당긴다. 반복해서 떠올리는 장면은 단순한 환상이 아니라, 내가 향하는 삶의 방향을 정하는 나침반이 된다.

결국 어떤 현실을 끌어당기느냐는, 당신이 무엇을 자주 떠올리냐에 달려 있다. 하지만 그 장면을 끝까지 믿고 행동으로 이어가는 데 필요한 건 따로 있다. 바로 자기 자신을 향한 신뢰다. 현실과 믿음 사이의 거리가 아무리 멀어 보여도, 최소한 자신만큼은 그 미래가 현실이 될 거라고 믿어야 한다. 물론 당장 그런 믿음이 생기지 않을 수도 있다. 그럴 땐 억지로 믿으려 애쓰지 말고, 주변에 자신을 위한 '암시 장치'를 심어두면 된다. 나에게는 '비전보드'가 그중 하나였다.

2021년, 나는 원하는 차 사진, 만나고 싶은 두 사람의 모습, 여행을 떠나고 싶은 도시 풍경을 합쳐 노트북 배경 화면을 만들었다. 처음엔 막연한 열망이었다. 특히 두 사람과는 아무 인연도 없었다. 하지만 3년이 지난 시점, 그 이미지 속 많은 것들이 현실이 되었을 때 나는 확신했다. 상상은 우연을 기회로 바꾸는 고도의 기술이라는 걸. 만남도, 기회도, 변화도 그렇게 찾아왔다. 말로 설명하기 어려운 우연들이 있었지만, 그 우연을 기회로 바꾸는 일은 낯설지 않았다. 이미 매일 그 장면을 마음속에서 리허설하며 살아가고 있었기 때문이다.

중요한 건 얼마를 벌겠다는 목표나 어디에 도달하겠다는 선언이 아니다. 매일 무심코 반복하는 생각 하나, 스쳐 지나간 말 한 마디, 책상 위에 붙여둔 사진 한 장. 이런 작은 요소들이 쌓여 조용히 내일의 나를 만들어간다는 사실을 잊지 않는 것이다. 의식은 변화의 기폭제다. 내가 어떤 삶을 살고 있느냐는 결국 내가 어떤 사람으로 성장하고 있느냐를 보여주는 거울이다.

상상하라. 그리고 그 상상을 바라보지만 말고, 감정으로 연결하라. 그 장면이 나에게 어떤 느낌을 주는지, 당신이 정말 그 안에 살고 싶은지를 자문하라. 감정이 연결되면 행동은 자연스럽게 따라온다. 그제야 상상은 허상이 아니라, 현실의 일부가 된다.

마음껏 상상하라. 그리고 그 상상을 현실처럼 대하라. 끌어당김의 법칙은 단지 상상력이 풍부한 사람의 유희가 아니다. 당신이 지속적으로 바라보는 방향이 결국 삶을 이끄는 나침반이 된다. 세상은 우연하게 움직이지 않는다. 당신이 매일 바라보고 떠올리는 그 장면이, 결국 당신 앞에 놓일 현실을 결정한다. 그리고 그 장면을 연출할 수 있는 유일한 감독은, 이 세상에 단 한 명, 당신뿐이다.

고통은 피할 수 없지만
불행은 선택할 수 있다

힘든 상황을 앞두고, 누군가는 이렇게 말한다.

"피할 수 없다면, 즐겨라."

이 짧은 문장 속에는 진실 하나가 숨어 있다. 고통은 누구에게나 찾아오지만, 그것을 불행으로 받아들일지 아닐지는 우리의 선택에 달려 있다는 사실이다. 이 문장을 진심으로 이해하는 순간, 인생을 바라보는 관점이 달라진다.

누구나 고통을 겪으며 살아간다. 업무 스트레스, 인간관계 갈등, 건강 문제 등…. 형태는 달라도 고통은 일상의 일부다. 하지만, 똑같은 고통 앞에서 어떤 사람은 쓰러지고, 어떤 사람은 성장한다. 누군가는 그 고통을 견디며 삶의 의미를 더 깊이 이해하고, 또 누군가는 이를 양분 삼아 더 단단한 사람이 된다. 이는 고통이 불행을 의미하지 않는다는 분명한 증거다.

한번 질문해 보자. 고통이 전혀 없는 삶은 과연 행복할까? 원하는 모든 일이 이루어지고, 노력하지 않아도 모든 것이 주어지며, 장애물 하나 없이 편안하게 흘러가는 인생. 정말 그런 삶을 산다면, 우리는 만족할 수 있을까?

처음에는 만족스러울지 모른다. 그러나 시간이 지나면 그 평온조차 무료해지고, 결국은 지루함이 일상을 잠식한다. 긍정적인 경험이 반복될수록 우리는 그 자극에 무뎌지고, 결국에는 행복감조차 느끼지 못하게 된다. 가슴 뛰게 했던 새 옷도 몇 주 후에는 그저 그런 옷이 되고, 월급 인상의 기쁨도 두 달 뒤면 사라지는 것처럼 말이다.

행복은 고통이 없을 때 느껴지는 감정이 아니다. 오히려 고통을 견디고 난 뒤에 찾아오는 잠깐의 평온이 진짜 행복이다. 노력 끝에 얻은 휴식이 더 달콤하고, 모든 걸 감내하고 얻은 성취가 더 오래 기억에 남는다.

중요한 사실은, 스스로 선택한 고통일수록 우리를 두 배로 성장시킨다는 점이다. 마라톤을 완주한 뒤 마시는 물 한 컵, 낯선 도시를 하루 종일 걷고 난 후 침대에 눕는 순간의 안도감. 그 강력한 감정은 단순한 휴식에서 오는 만족감이 아닌, 노력과 인내를 통해서만 얻을 수 있는 '자기 효능감'이다. 바로 그 감각이, 다음 고통에서도 우리를 또 한 번 시도하게 만든다. 이렇듯 고통은 단순한 아픔이 아니다. 그것은 순간의 기쁨을 넘어, 우리의 삶을 단단히 붙잡아 주는 성장의 뿌리다.

《그릿Grit》의 저자 앤절라 더크워스Angela L. Duckworth는 자신의 저서에서 '오랜 시간, 반복되는 실패와 고통에도 불구하고 노력과 열정을 유지하는 능력'이야말로 진정한 성공의 핵심 역량이라고 강조한다. 근육을 키우려면 통증을 견뎌야 하고, 목표를 이루려면 지루한 반복을 견뎌야 한다. 성장은 불편함을 감내하는 사람에게만 주어지는 보상이다. 즉, 고통을 성장의 재료로 해석하는 사람만이 성장할 수 있는 것이다.

대표적인 사례를 보자. 토머스 에디슨Thomas Edison은 전구를 발명하기까지 1,000번이 넘는 실패를 경험했다. 하지만 그는 그 실패를 좌절로 여기지 않았다. 오히려 "나는 전구를 만들 수 없는 1,000가지 방법을 알아냈을 뿐"이라며, 모든 실패를 '방법의 발견'이라 정의했다. 만약 그가 단 한 번의 시도로 성공했다면, 전구는 위대한 발명이 아니라 단순한 우연에 불과했을 것이다. 하지만 수없이 시도하고, 무너지고, 다시 일어선 끝에 얻어낸 성취였기에, 그것은 역사적 발명으로 남았다.

에디슨의 예처럼, 반복되는 실패는 끝이 아니라 성장의 재료다. 어떤 사람은 실패를 '한계'로 받아들이고 멈추지만, 또 다른 사람은 그것을 '통과의례'로 해석하며 한 걸음 더 나아간다. 결국 우리의 삶을 나누는 건 실패의 유무가 아니라, 그것을 어떻게 해석하느냐다.

《죽음의 수용소에서》의 저자 빅터 프랭클 Viktor Frankl 은 말한다.

"우리에게서 모든 것을 빼앗을 수 있어도, 단 한 가지, 태도의 자유만큼은 빼앗을 수 없다."

어떤 상황에서도 인간은 자신의 태도를 선택할 수 있으며, 그것이 인간이 가진 가장 위대한 힘이라고 그는 강조한다.

삶은 때때로 우리가 원하지 않는 방식으로 펼쳐진다. 불공평한 현실, 반복되는 시련, 설명할 수 없는 감정의 침잠. 하지만 그 고통을 어떻게 받아들일지는 우리의 선택이다. 그것을 '불행'이라 해석하는 순간, 삶은 버거워진다. 그러나 그것을 '성장의 과정'이라 바라보는 순간, 고통은 우리를 끌어내리는 게 아니라, 끌어올리는 사다리가 된다.

만약 지금 당신이 어떤 고통의 한가운데에 있다면, 그것은 당신이 실패해서가 아니다. 오히려 더 깊고 단단한 사람이 되기 위한 통과의례일 수 있다. 고통은 피할 수 없지만, 그 고통을 어떤 의미로 만들지는 온전히 당신의 몫이다. 그러니 이 네 가지만 기억하라.

　첫째, 고통 없는 삶은 절대 행복하지 않다.
　둘째, 스스로 선택한 고통은 반드시 나를 성장시킨다.
　셋째, 쉽게 얻은 성취는 쉽게 잊히지만, 오랜 노력 위의 성취는 평생을 이끈다.
　넷째, 고통은 피할 수 없지만, 그것을 불행으로 해석할지 성장으로 삼을지는 나의 선택이다.

　삶의 일부인 고통을 부정하지 마라. 불행은 태도의 문제다. 지금 당신의 선택이, 앞으로의 당신을 만든다. 고통을 딛고 일어서는 과정에서 사람들은 행복을 더욱 깊이 음미하는 법을 배운다. 그 고통을 양분 삼아 더 단단한 사람으로 성장하고, 자신이 겪은 아픔을 통해 타인의 고통을 이해할 수 있는 사람이 되길 바란다.

진짜 멘탈이 강한 사람

나는 멘탈이 강한 편이 아니다. 스트레스를 받으면 쉽게 우울해지고, 예상치 못한 일이 생기면 자주 당황한다. 하지만 한 가지 확실한 건, 아무리 힘든 일이 있어도 자고 일어나면 대부분 회복한다는 점이다. 어제까지 세상이 무너진 것 같던 일도, 아침에 눈을 뜨면 전날의 절망감은 사라지고, '어떻게든 되겠지'라는 생각이 다시 생긴다. 이것이 바로 회복탄력성이다.

강한 멘탈과 회복탄력성은 전혀 다른 개념이다. 강한 멘탈은 위기에 쉽게 흔들리지 않는 것이고, 회복탄력성은 흔들려도 빠르게 원상태로 돌아오는 능력이다. 멘탈이 강하지 않아도 괜찮다. 중요한 건 얼마나 빨리 회복하느냐다.

펜실베이니아대학교의 마틴 셀리그만[Martin E. P. Seligman] 교수는 회복탄력성이 타고나는 것이 아니라 학습 가능한 기술이라는 것을 오랜 연구를 통해 증명했다. 실제로 그가 개발한 '펜 회복탄력성 프로그램'은 전 세계 수천 명의 아이들과 청소년을 대상으로 한 20여 개의 연구에서 우울과 불안을 예방하고 회복탄력성을 높인 효과가 입증되었다. 즉, 회복 능력은 근육처럼 기를 수 있다는 뜻이다.

24시간 룰과 수면의 힘

가장 효과적인 방법은 '24시간 룰'이다. 힘든 일이 생겼을 때, 24시간 동안은 충분히 감정을 느끼되, 그 이후에는 해결책을 찾기 시작하는 것이다. 여기에는 과학적 근거가 있다. 연구에 따르면 렘수면[REM sleep] 중에 뇌가 감정적 기억을 재처리하여 충격을 완화한다고 한다. 실제로 잠을 자고 나면 감정이 한 층 가라앉는 이유가 바로 이 때문이다. 힘든 일이 있었던 날일수록, 잠부터 충분히 자보자.

감정 거리두기와 관점 바꾸기

회복탄력성의 핵심은 감정과 자신을 분리하는 것이다. 관찰자의 시점에서 "지금 나는 화가 나 있구나."라고 바라보는 것처럼 말이다. 이렇게 한 걸음 물러나서 감정을 바라보면 실제로 마음이 한결 편해진다.

또 다른 유용한 방법은 '관점 바꾸기'다. "이 일이 1년 후에도 중요할까?"와 같은 질문을 던져보는 것이다. 시간의 관점에서 문제를 바라보면 지금 당장은 크게 느껴지는 일도 생각보다 별것 아님을 깨닫게 된다.

작은 실패의 백신 효과

회복탄력성을 기르는 가장 좋은 방법은 작은 실패를 많이 경험하는 것이다. 이를 심리학에서는 '스트레스 접종 이론'이라고 한다. 적당한 수준의 스트레스를 반복 경험하면 큰 충격에도 더 잘 대처할 수 있게 된다. 마치 백신처럼 작은 자극으로 면역력을 기르는 원리와 같다.

예를 들어, 작은 실패나 거절을 경험할 때마다 "이것도 연습이구나."라고 생각해 보자. 프레젠테이션에서 실수했다면, 다음번엔 더 잘할 수 있는 경험치를 쌓은 것이다. 이런 식으로 작은 실패들을 모아가다 보면, 정말 큰 위기가 와도 당황하지 않고 대처하는 힘이 생긴다.

회복탄력성은 특별한 사람만 가진 능력이 아니다. 과학적으로 검증된 방법을 꾸준히 실천하면 누구나 기를 수 있는 능력이다. 무너져도 괜찮다. 중요한 건 다시 일어서는 것이고, 그 기술은 이미 당신 안에 있다. 단지 깨우기만 하면 된다. 넘어지지 않는 게 아니라, 넘어져도 툭툭 털고 금세 일어나는 것. 그것이 진짜 강함이다.

감정에 휘둘리지 않는
사람들의 비밀

"인생은 10%의 사건과 90%의 반응으로 이루어진다."
- 찰스 R. 스윈돌^{Charles R. Swindoll}

 사람들은 매일 비슷한 하루를 보낸다. 같은 출근길, 비슷한 업무, 익숙한 얼굴들. 그런데도 이상하게 어떤 날은 모든 게 괜찮고, 또 어떤 날은 이유 없이 세상이 버겁게 느껴진다. 감정의 흐름이 예측 불가능하게 출렁일 때, 누구든 이를 단순한 '기분 탓'으로 넘기곤 한다. 하지만 그 배경에는 명확한 심리적 원리가 존재한다.

 심리학에서는 이를 '정서 항상성'이라고 부른다. 사람마다 익숙하게 유지되는 감정의 평균값이 있으며, 우리의 감정은 무의식적으로 그 기준선으로 돌아가려는 성질을 지닌다. 쉽게 말해, 누군가는 불안에 익숙하고, 누군가는 차분함에 익숙하다. 문제는 이 기준선을 의식적으로 알아차리기가 어렵다는 점이다.

 예를 들어보자. 똑같이 바쁜 하루를 보낸 두 사람이 있다. 각자 집으로 돌아와 한 사람은 오늘도 무사히 해냈다며 안도하고, 또 다른 사람은 왜 이것밖에 못 했을까? 라며 자책에 빠진다. 같은 상황, 다른 감정. 그 차이는 그날의 기분에서 비롯된 게 아니라, 각자가 가진 감정의 기준선에서 비롯된다. 부정적 감정에 길들여진 사람은 작은 일에도 회의감을 느끼고, 긍정적 기준에 익숙한 사람은 같은 조건에서도 평정심을 유지한다.

 기분에 끌려다니지 않기 위해서는, 먼저 자신에게 익숙한 감정 패턴을 인식하고, 필요하다면 새로운 기준을 훈련하는 작업이 필요하다. 다음 세 가지는 감정 기준선을 알아차리고, 그 기준을 재설계하는 데 실질적인 도움이 되는 팁이다.

 첫째, 감정 점검 루틴을 만들어라
 "지금 내 기분은 어떤가?"
 하루를 시작하기 전, 간단한 질문을 던져보자. 이 짧은 질문은 감정을 무의식에 맡기지 않고, 의식의 영역으로 끌어올리는 첫걸음이다. 미국심리학회 연구에 따르면, 일상적으로 감정을 기록하는 사람이 그렇지 않은 사람보다 스트레스에 덜 휘둘리고 자기 통제력도 높다고 한다. 하루에 10분, 감정을 읽는 습관만으로도 충분한 변화가 시작될 수 있다.

둘째, 감정의 원인을 내부에서 찾는 습관을 들여라

사람들은 흔히 기분이 나쁜 이유를 외부 탓으로 돌린다. 예를 들면, "그 사람이 그렇게 말해서 기분이 상했다"는 식이다. 하지만 근본적인 질문은 따로 있다. "왜 나는 그 말에 그렇게 반응했을까?"이다.

감정은 자극 그 자체보다, 그 자극을 어떻게 해석했는지에 따라 달라진다. 해석의 주도권을 외부에 맡기는 순간, 우리는 감정의 피해자가 된다. 하지만 질문의 방향을 내면으로 바꾸는 순간, 감정을 설계할 수 있는 위치로 다시 돌아온다.

셋째, 감정을 억누르기보다 흘려보내는 연습을 한다

부정적인 감정을 억지로 밀어내려 할수록, 심리적 저항은 더 커진다. 기분이 가라앉을 때 반드시 긍정적인 상태로 전환하려 애쓸 필요는 없다. UC버클리 심리학 연구에 따르면, 감정을 억제하는 사람보다 감정을 인정하고 흘려보내는 사람이 스트레스 복구 능력이 2배 이상 높다고 한다. 억누르기보다 흘려보내는 태도가 오히려 회복을 앞당긴다.

좋은 하루를 만든다는 건, 완벽한 하루를 만든다는 뜻이 아니다. 기분은 날씨처럼 바뀌지만, 그 흐름 속에서도 중심을 잡을 수 있는 사람만이 방향을 잃지 않는다. 기분이 올라가거나 내려가는 것 자체는 문제가 아니다. 진짜 문제는, 그 흐름에 휘둘려 삶 전체의 방향까지 놓치는 것이다.

감정을 인식하고 다스릴 수 있는 사람은, 그날의 컨디션이 아니라 자신의 기준에 따라 하루를 보낸다. 그리고 그런 사람만이, 같은 하루 안에서도 더 나은 삶을 살 수 있다.

노를 저어라,
물이 들어올 때까지

성공한 사람에게는 묘한 습관이 하나 있다. 성공의 이유를 묻는 질문에, 모두 "운이 좋았다."라고 말한다는 것이다. 하지만, 그들에겐 숨겨진 공통점이 하나 더 있다. 세상이 아직 그들에게 관심을 두지 않을 때부터, 묵묵히 준비하고 있었다는 사실이다.

창업으로 하루아침에 부자가 된 사업가, 데뷔 직후 스타가 된 연예인 등. 이런 갑작스러운 성공담 언제나 화제가 된다. 그들의 화려한 모습을 보면 운 좋게 기회를 잡은 것처럼 느껴진다. 하지만 수면 위로 떠오르기 전까지 그들은 누구보다 오래 준비하고 있었다. 우리 눈에는 '갑작스러운 성공'이지만, 그 순간을 만든 건 수년간의 '보이지 않는 시간'이다. 방송인 궤도의 말이 이를 정확히 표현한다.

"저는 물이 아예 없을 때부터 노를 계속 젓고 있었거든요. 그렇게 젓다가 물이 들어오니까, 이제야 내가 앞으로 가는구나 싶더라고요."

처음에는 모든 노력이 공허하게 느껴진다. 나 역시 그랬다. 매일 콘텐츠를 만들어도 조회 수는 두 자릿수에 머물렀다. 아무리 오랜 시간을 들여 만들어도, 팔로워는 좀처럼 늘지 않았다. 하지만 멈추지 않았다. 매일 같은 시간에 책상에 앉아 자료를 조사하고, 글을 쓰고, 더 나은 콘텐츠를 만들기 위해 고민했다. 그때는 몰랐지만, 그 시간이 쌓여 진짜 실력이 되고 있었다. 독자가 원하는 것을 파악하는 감각, 복잡한 내용을 쉽게 풀어내는 기술, 꾸준히 콘텐츠를 생산해 내는 체력. 모든 것이 그 보이지 않는 시간 속에서 만들어졌다.

그러다 어느 순간, 조용히 물살이 바뀌기 시작했다. 몇몇 콘텐츠가 알고리즘을 타기 시작했고, 팔로워가 빠르게 늘어났다. 많은 사람이 "운이 좋네"라고 말했지만, 나는 알고 있었다. 그건 갑작스러운 우연이 아니라, 수많은 시도 끝에 맞이한 필연이었다는 것을.

운은 분명 존재한다. 하지만 노력은 그 운이 찾아올 확률을 기하급수적으로 높인다. 하루에 한 번 문을 두드리는 사람과, 하루 열 번 문을 두드리는 사람을 생각해 보자. 누구의 문이 먼저 열릴까? 대답은 명확하다. 그런데 대부분은 몇 번 시도하다 포기한다. 계속 노를 젓는 소수만이 기회를 만나는 이유다.

   중요한 건 완벽함이 아니라 꾸준함이다. 하루에 조금씩이라도 계속 노력하는 사람이 열심히 하다 포기하는 사람보다 훨씬 멀리 간다. 그 과정에서 우리는 목표 달성 이상의 것을 얻는다. 바로 자기 자신에 대한 '확신'이다.

   기회는 갑자기 찾아오는 선물이 아니다. 반복된 준비 끝에 맞이하는 결과다. 지금 당장 변화가 보이지 않아도 괜찮다. 당신의 노력은 보이지 않는 곳에서 기회가 찾아올 토대를 만드는 중이다. 그러니 오늘도 노를 저어라. 물이 보이지 않아도, 바람이 불지 않아도. 물살은 준비된 자에게만 보인다.

누군가를 위해 버틴 하루가
당신을 더 단단하게 만든다

유달리 힘들었던 날이면 아빠는 항상 우리가 좋아하는 치킨을 사 오셨다. 별다른 말씀은 없으셨지만, 평소보다 조금 더 밝게 웃으려 애쓰시는 아빠의 모습에서 우리는 알 수 있었다. 오늘도 힘든 하루를 보내셨다는 것을. 하지만 그런 하루를 보내고도 집에 돌아오는 길에 치킨집 앞에 멈춰, 가족을 떠올리며 치킨 한 마리를 주문했을 아빠의 마음을 그때는 전부 이해하지 못했다.

하루 종일 직장에서 지친 몸으로, 짜증 대신 치킨 한 마리를 들고 현관문을 여는 그 마음이 얼마나 큰 사랑인지를. 피곤한 몸을 뒤로하고, 가족의 작은 기쁨을 먼저 생각하는 그 마음이, 어떻게 우리 집의 따뜻함을 만들어냈는지를.

어쩌면 당신도 그런 사람일지 모른다. 힘든 하루를 보낸 뒤에도 누군가를 먼저 챙기는 사람. 자신의 일정은 뒤로 미루면서도 다른 사람의 부탁을 들어주는 사람. 피곤한 내색 없이, 먼저 누군가의 안부를 물어보는 사람.

얼마 전, 나에게도 그런 순간이 찾아왔다. 자격증 시험을 준비하는 누나를 대신해 매형이 혼자 아이를 돌보는 일이 많아졌고, 나는 작은 도움이라도 되고자 종종 조카와 시간을 보냈다. 20개월 남짓한 조카와의 시간은 언제나 상상 이상으로 힘들었지만 누나가 보내 준 사진 속 함께 찍은 사진을 손에 들고 등원하는 조카의 모습을 볼 때면 묘하게 가슴이 벅차올랐다. 내 아이도 아닌데, 이상하리만큼 하루를 버틸 이유가 생겨나는 기분이었다. 그러던 중 가족 식사 자리에서 매형이 조심스레 말했다.

"저는 요즘이 제일 행복한 것 같아요."

요즘 누구보다 고된 일정을 소화하고 있던 걸 알았기에, 자리에 있던 모두가 놀라 쳐다봤다. 이유를 들어보니, 누나가 출산 후 처음으로 자신의 꿈을 준비하며 밝음을 되찾았고, 조카 역시 건강하게 자라나는 걸 보며 큰 행복을 느낀다는 것이었다. 그는 고단함 속에서도 행복의 이유를 발견해 냈다.

이런 일은 꼭 가족에게만 벌어지는 건 아니다. 회사에서 신입

사원이 실수할 때마다 조용히 뒤처리해 주는 선배, 회사 앞 길고 양이를 위해 매일 사료를 챙겨가는 직장인, 온라인에서 누군가의 고민에 진심 어린 댓글을 다는 사람. 우리 주변에는 타인을 위해 자신의 시간과 에너지를 내어주는 사람들이 생각보다 많다. 그리고 놀랍게도, 이들은 대부분 이렇게 말한다.

"주는 것보다 받는 게 더 많아요."

이 말은 단지 착한 마음에서 나온 겸손이 아니다. 실제로 심리학 연구에 따르면, 자기중심적인 목표보다 타인을 위한 목적을 가진 사람들이 스트레스 상황에서 더 빠르게 회복된다고 한다. 누군가를 위해 헌신하는 일이 오히려 개인의 심리적 안정과 행복감을 높인다는 것이다.

마트 장바구니 안에서도 이 마음은 드러난다. 부모는 레토르트 식품 하나로 끼니를 때우면서도, 아이를 위해 고른 우유와 간식은 성분 하나하나를 꼼꼼히 따진다. 그리고 피곤한 표정을 감춘 채 아이의 재롱에는 웃으며 반응한다. 퇴근 후에도 육아가 기다리는 이중 노동, 주말에도 온전히 쉬지 못하는 일상. 그럼에도 "엄마", "아빠" 한마디에 모든 피로가 녹아내리고, 다시 일어설 힘이 생긴다. 그게 바로 사랑의 힘이다.

하지만 이런 삶이 항상 쉽지만은 않다는 것도 사실이다. 때로는 지친 자신을 탓하기도 하고, 이런 삶이 맞는지 의문이 들기도 한다. 모두 자연스러운 감정이다. 누군가를 사랑한다는 건 분명히 가치 있는 동시에, 때로는 무겁고 버거운 일이기도 하니까. 중요한 건 그 무게를 혼자 짊어지려 하지 않는 것이다. 때로는 도움을 요청하고, 때로는 잠시 쉬어가는 요령도 필요하다. 자신을 돌보지 않으면 결국 아무도 돌볼 수 없다.

그럼에도 기억해야 할 게 있다. 당신이 누군가를 위해 내어주는 그 시간과 마음이, 결국 당신을 더 단단하고 의미 있는 사람으로 만든다. 힘든 하루를 버틸 이유는 거창한 목표가 아니라, 지금 내 옆에서 나를 필요로 하는 누군가의 존재에서 시작된다.

당신에게도 그런 이유가 있는가? 가족일 수도, 연인일 수도, 친구일 수도, 반려동물일 수도, 혹은 당신이 맡은 일을 통해 도움을 주는 누군가일 수도 있다. 이유가 무엇이든, 당신이 하루를 버텨내는 원동력이 된다면 그것으로 충분하다. 우리는 생각보다 많은 것을 이겨내며 살아간다. 하지만, 종종 그 사실을 잊고 지낸다. 그래서 오늘 하루를 버텨낸 당신에게, 꼭 전하고 싶은 말이 있다.

당신은 단지 시간을 흘려보낸 것이 아니다. 누군가를 위해 자신의 삶을 내어주며, 살아갈 이유를 스스로 만들어낸 것이다. 절대 쉬운 일이 아니다. 꼭 TV에 나와 박수받는 거창한 성공만이 가치 있는 건 아니다. 매일 자신이 지켜야 할 가치를 위해 조용히 주어진 하루를 책임지는 삶은 그 무엇보다도 위대하다. 그리고 그런 삶을 살아내는 사람이야말로, 인생의 가장 깊은 의미를 알고 있는 사람이다.

그러니 자신을 작게 보지 마라. 당신이 지금 지키고 있는 하루는, 결국 누군가의 삶을 환하게 밝히는 등불이 되고 있다. 그 하루가 쌓여 당신의 인생이 되고, 누군가에게는 든든한 울타리가 된다. 당신은 이미 충분히 잘하고 있다. 아니, 그보다 훨씬 대단한 사람이다.

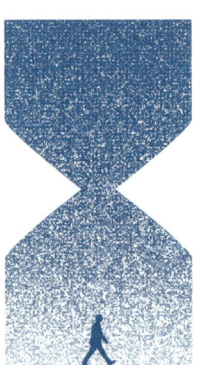

MAKE EFFORT COUNT

평범한 노력을
특별한 성과로
바꾸는 법

: 같은 시간, 다른 결과를 만드는 기술

당신도
자기계발 중독일 수 있다

**"바쁘게 사는 건 누구나 마찬가지다. 개미도 바쁘다.
중요한 건, 무엇에 그렇게 몰두하고 있느냐다."**

- 헨리 데이비드 소로 Henry David Thoreau

　가만히 있으면 불안한 사람들이 있다. 쉬는 날에도 마음 편히 쉬지 못하고, 머릿속은 항상 '이대로는 안 된다'는 목소리로 가득 차 있다. 매 순간을 더 나아져야 한다는 강박에 쫓기며 살아가는 삶. 오은영 박사는 금쪽 상담소라는 프로그램에서 이러한 증상을 '슈드비 콤플렉스 Should be complex'라고 설명한다.

　슈드비 콤플렉스란 항상 무엇을 해야 한다는 강박 관념에 시달리는 상태를 말한다. 하루라도 앞으로 나아가지 않으면 안 되는 삶. 우리는 언제부턴가 자기계발이라는 명목 아래, 목표를 좇는 삶이 아닌 목표로부터 쫓기는 삶을 살아가고 있다.

나도 그런 사람이었다. 출근 준비 중에는 동기부여 오디오를, 출근길에는 경제 뉴스를, 점심시간에는 마케팅 강의를, 퇴근길에는 무조건 일과 관련된 영상을 시청했다. 하루를 빈틈없이 채워 넣을수록, 지금 이 막막한 현실에서 빠르게 벗어날 수 있을 거라 생각했다. 그러나 어느 순간 발전하고 있다는 느낌은 사라진 채, 아무 일도 손에 잡히지 않는 상태가 되어 있었다.

아마, 이 책을 읽고 있는 당신도 한 번쯤 경험해 봤을 것이다. 해야 할 일은 쌓여 있는데, 머리는 복잡하고 도무지 집중이 안 되는 상태. 책상에 앉아 시간을 보내지만, 정작 무엇 하나 제대로 끝내지 못한다. 그럴수록 무력감은 깊어지고, 이는 다시 더 많은 일을 해야 한다는 압박이 되어 돌아온다. 악순환은 그렇게 조용히 시작된다.

뇌과학에서는 이 문제를 '의사결정 피로$^{\text{Decision Fatigue}}$'라는 개념으로 설명한다. 아침 메뉴 선택, 메신저 답장, SNS 확인처럼 사소한 선택들이 쌓이면서 뇌에 피로감이 누적되는 것이다.

코넬대학교 연구에 따르면 인간은 음식에 관해서만 하루 평균 약 227개의 결정을 내린다고 한다. 대부분이 무의식에서 일어나지만, 사소한 결정이라도 뇌는 그때마다 에너지를 사용한다. 그 결과, 시간이 지날수록 자제력은 저하되고 중요한 결정을 뒤로 미루는 상황이 벌어진다.

자기계발 콘텐츠를 끊임없이 소비하면서도 실제 행동으로 이어지지 않는 이유가 바로 여기에 있다. 아무리 좋은 정보를 입력해도 처리할 공간이 남아있지 않다면, 그저 '잡음'에 지나지 않을 뿐이다. 게다가 우리는 현재 무한한 자극 속에 살고 있다. '성공하고 싶다면 반드시 따라야 할 10가지 습관', '매력적인 사람의 말투', '죽기 전에 꼭 읽어야 하는 책 5권'처럼 놓치면 안 될 것 같은 콘텐츠가 넘쳐난다. 이러한 정보를 나만 놓칠까, 불안하고 조급한 마음이 생기는 건 정상이다. 하지만 이 감정은 내면에서 우러난 성장의 열망이 아니라, 외부 자극에 대한 반사작용에 가깝다. 결국 무엇을 택하든 공허함만 남긴 채, 다시 또 새로운 방법을 찾아 나서는 중독의 고리에 들어가게 된다.

이러한 악순환에서 벗어나기 위해서는, 자기계발을 나만 모르는 숨겨진 성공 비밀을 찾는 과정으로 바라보는 관점부터 바꿔야 한다. 그러지 않으면, 우리의 뇌는 마치 설탕 가득한 음식을 쫓듯 점점 자극적인 콘텐츠에만 몰두하게 되고, 뇌의 의사결정 능력은 쇠퇴한다. 진짜 변화는 정보 습득이 아닌 직접 행동으로 옮기는 '점검의 과정'에서 비롯된다.

자기계발은 더 나은 사람이 되기 위한 수단이지, 그 자체가 목적이 되어서는 안 된다. 당신의 성장이 멈춘 이유는, 충분히 노력하지 않아서가 아니다. 오히려 너무 많은 것을 하려 했기 때문이다. 이제는 멈추고 스스로에게 물어야 할 때다.

"나는 무엇을 위해 이렇게 달리고 있었는가?"

오늘 하루, 더 이상의 정보 습득을 멈추고 딱 한 가지 실천을 정해 그것에만 집중해 보라. 100시간의 공부보다, 때로는 1번의 행동이 더 큰 변화를 만들어낸다. 진짜 성장은 '아는 것'이 아니라 '하는 것'에서 시작된다.

열심히 하면
잘될 거라는 착각

끊임없이 달리는데, 서서히 지쳐간다면 그건 당신이 게을러서가 아니다. 단지, '구조'가 잘못 설계된 것이다. 사람들은 더 빨리, 더 많이 해내야 성공한다고 믿는다. 하지만 멀리 가고 싶다면, 속도를 늦추는 용기가 필요하다. 인생은 단거리 경주가 아니라 휴식과 질주가 조화를 이루는 장거리 레이스다. 인생이 마라톤이라는 말은 누구에게나 익숙하지만, 실제로 대부분은 매일 100미터 전력 질주만 반복하고 있다. 문제는, 그 방식으로는 결승선을 보기 전에 탈진하고 만다는 것이다.

강철을 만드는 데는 두 가지 필수 공정이 있다. '담금질'과 '뜨임'이다. 담금질은 철을 뜨겁게 달궜다가 빠르게 식혀 단단하게 만드는 과정이고, 뜨임은 그렇게 만들어진 강철을 천천히 식히며 안정화하는 작업이다. 담금질만 반복하면 철은 금방 깨지고 만다. 인생도 마찬가지다. 일에 몰두해 자신을 단단하게 만드는 시간도 중요하지만, 그 열기를 식히고 되돌아보는 뜨임의 시간이 없다면 쉽게 무너진다. 아무리 열정이 넘쳐도, 쉼 없는 전진은 결국 방향을 잃게 만든다.

일에 지쳐 쓰러진 순간에도 많은 이들은 말한다. "내가 약해서 그래…." 하지만 그것은 나약함이 아니라 '뜨임'이 필요한 시기라는 신호일지도 모른다. 휴식은 사치가 아니라 전략이다. 성공한 사람들이 의도적인 휴식을 통해 더 큰 성과를 냈다는 사실은 이미 널리 알려져 있다. 빌 게이츠의 '씽크 위크', 구글의 '20% 자유 시간'이 대표적인 예다. 회복은 선택이 아니라 필수다. 열심히만 해서 되는 성공은 없다. 반드시 똑똑한 회복 과정이 병행되어야 한다.

그렇다면 바쁜 일상에서 어떻게 뜨임의 시간을 만들 수 있을까? 크고 거창한 계획은 필요 없다. 하루 30분 핸드폰을 내려놓고 걷는 산책, 주말 저녁에 스스로에게 허락한 치킨 한 마리, 아이를 재운 뒤 남편과 마시는 무알콜 맥주 한 캔, 숨은 맛집에서의 특별한 저녁 한 끼. 보고 싶었던 전시를 보러 가는 시간. 이 모든 것이 뜨임이다. 형태는 중요하지 않다. 중요한 건, 그 순간만큼은 세상이 아닌 나에게 집중하는 것이다. 바로 그 감정이 다시 앞으로 나아갈 원동력이 되어준다.

혹시 지금, 휴식에 죄책감을 느끼고 있는가? 그렇다면 이것만큼은 꼭 기억하라. 지금 당신이 멈춰야 할 이유는 게으름 때문이 아니라, 다음을 위해 회복이 필요한 시기이기 때문이다.

뜨임 없는 담금질은 아무리 강한 철도 쉽게 부러뜨린다. 쉼 없는 열정은 아무리 강한 사람도 결국 지치게 만든다. 당신의 인생 계획이 일주일 짜리가 아니라면, 반드시 그 안에 회복의 과정도 포함되어야 한다.

멀리 가고 싶은가?
그럼 지금 여기에서, 잠시 쉬어가라.

노력 중독에서 벗어나야
인생이 바뀐다

"더 노력할게요."

당신도 한 번쯤 이 말을 해본 적이 있을 것이다. 아니, 어쩌면 습관처럼 입에 달고 살았을지도 모른다. 문제는 그 말이 오히려 삶의 발목을 잡고 있다는 사실이다. 사람들은 '노력'을 마치 만병통치약처럼 생각한다. 지금보다 더 열심히 하면, 더 오래 버티면, 결국 원하는 것을 이룰 수 있으리라 믿는다. 하지만 안타깝게도, 측정할 수 없는 노력은 결국 자기기만에 불과하다.

나는 예전부터 스스로에게 엄격한 편이었다. 내 다이어리에는 항상 이런 말이 적혀 있었다. "이대로는 안 돼. 지금보다 두 배로 노력하자." 하지만 그 다짐은 늘 허공에 맴돌 뿐, 현실은 달라지지 않았다. 책을 읽고, 조언을 구하고, 새벽에 일어나 밤늦게까지 일해도 제자리에 서 있는 느낌은 지워지지 않았다. 마치 수면 위를 걷는 것처럼, 겉으론 분주했지만, 실질적인 변화는 없었다. 그때는 몰랐다. '노력'이라는 단어가 실제로는 추상적인 감정에 불과하다는 것을. "오늘 정말 열심히 했어."라고 말할 수는 있지만, 정확히 무엇을 얼마나 했는지는 알 수 없었다. 그때 깨달았다. 삶을 바꾸려면 '노력'이라는 개념부터 완전히 다시 정의해야 한다는 사실을.

노력을 측정할 수 있는 형태로 바꾸는 것, 이것이 모든 변화의 시작점이다. 예를 들어 "글쓰기를 열심히 하겠다."라는 막연한 다짐 대신, "일주일에 원고 5페이지를 완성하겠다."로 바꾸고, "운동을 더 하겠다." 대신 "매일 30분씩 걷겠다."로 바꿔보는 것이다. 이처럼 누가 보아도 뚜렷하게 측정 가능한 결과물이 있을 때, 우리는 그 행위를 진짜 '노력'이라 부를 수 있다. 핵심은 얼마나 힘들었느냐가 아니다. 무엇을 얼마나 해냈느냐다.

이런 수치화가 왜 중요할까? 실제로 목표를 수치화해 본 사람은 그 효과를 몸소 체험한다. 구체적인 숫자가 있을 때 동기가 더 오래 지속되고, 진행 상황을 명확히 파악할 수 있다. 이는 단순한 의욕이 아닌, 구조화된 반복이 동기를 유지시켜 주기 때문이다. 막연했던 목표가 눈에 보이는 여정으로 바뀌고, 하루의 행동과 직접 연결될 때 비로소 우리는 정신적인 무기력을 떨쳐낼 수 있다. 더 중요한 건, 수치화된 행동이 쌓일수록 불확실성은 줄어들고 확신은 커진다는 점이다. "지금 잘하고 있는 걸까?"라는 의문 대신, "목표에 얼마나 가까워졌는가?"라는 명확한 질문을 할 수 있게 된다. 그리고 그 답이 구체적인 숫자로 나올 때, 우리는 비로소 성장을 피부로 실감할 수 있다.

반대로 측정할 수 없는 노력은 어떤 결과를 가져올까? 바로 '노력 중독'이라는 함정에 빠지게 된다. 열심히 하고 있다는 착각 속에서 실제로는 제자리걸음을 반복하는 것이다. "오늘도 정신없이 바빴어.", "이렇게 열심히 하는데 왜 안 될까?" 이런 말들이 입에서 맴돌기 시작한다면, 당신은 이미 노력 중독에 빠져 있을 가능성이 높다. 그렇다면 잠시 멈춰 스스로에게 질문해보라. 지금 당신이 가장 이루고 싶은 목표는 무엇인가? 그리고 오늘 그 목표를 위해 어떤 '측정 가능한' 결과물을 만들었는가? 대부분 책을 읽거나 세미나를 듣고, 계획을 세우며 '노력 중'이라고 착각한다. 물론 이런 활동들도 분명 의미가 있지만 여기서 핵심은 '목표와의 직접적인 연결성'이다.

예를 들어, 당신의 목표가 "유튜브 채널 성장"이라면, 오늘 영상을 몇 개 기획했는지, 몇 분짜리 영상을 완성했는지가 측정 가능한 노력이다. 목표가 "새로운 사업 시작"이라면, 오늘 시장조사를 몇 페이지 정리했는지, 몇 명의 잠재 고객과 인터뷰했는지가 진짜 노력이다. 아무리 열심히 자기계발서를 읽어도, 그것이 구체적 목표와 연결되지 않는다면 그저 시간 소모일 뿐이다.

지금 당장 지난 한 달간의 성과를 구체적으로 말할 수 없다면, 다음 과정을 따라 새로운 한 달을 시작해 보라.

첫째, 당신의 목표를 일주일 단위로 쪼개라

"올해 책 한 권 쓰기"라는 목표가 있다면, "이번 주에 5페이지 쓰기"로 세분화하는 것이다.

둘째, 매일 주간 목표에 기여하는 구체적인 할당량을 정하라

"하루에 1페이지 쓰기", "자기 전 30분 동안 글쓰기"처럼 목표 달성을 위한 과정을 하루 단위로 나누는 것이다.

셋째, 매일 저녁 그 할당량을 달성했는지 기록하라

단순히 "열심히 했다/안 했다"가 아니라, "오늘 2페이지 완성", "오늘 15분만 했음"처럼 정확한 수치로 기록하는 것이다.

이런 방식으로 한 달만 살아봐도 인생이 달라지는 걸 느낄 수 있다. 막연했던 목표가 눈에 보이는 진척으로 바뀌고, 성장하고 있다는 확신을 얻게 된다. 무엇보다 "더 노력해야지"라는 추상적인 다짐 대신, "내일은 무엇을 얼마나 더 해볼까?"라는 생산적인

질문을 하게 된다.

　내 인생이 진짜로 달라진 건, 노력이라는 단어를 의심하기 시작하면서부터였다. "오늘 나는, 내 목표에 얼마나 다가갔는가?" 이 질문에 구체적인 숫자로 대답할 수 있을 때, 비로소 노력은 실체를 가진다. 그리고 당신은 더 이상 "노력했는데 왜 안 될까?"라는 말만 반복하며 같은 자리에 머물러 있지 않게 될 것이다.

　이제 더 노력한다는 말은 그만두자. 대신 "오늘은 이것을 이만큼 해냈고, 내일은 저것을 이만큼 해내겠다."라고 말하자. 측정할 수 없는 노력은 노력이 아니다. 진짜 변화는 숫자로 증명할 수 있는 작은 성취들이 쌓일 때 비로소 시작된다.

완벽주의가
당신을 망치고 있다

"아직 준비 중이야."

많은 이들이 시작보다 준비가 먼저라고 믿는다. 하지만 실제로는 그 반대다. 시작이 먼저고, 준비는 따라온다. 머릿속 계획만으로는 절대 완벽해지지 않는다. 움직이기 시작해야, 비로소 필요한 것이 무엇인지 분명히 보이기 시작한다. 진짜 위험한 건 부족함이 아니라, 영원히 준비만 하다 기회를 놓치는 것이다.

나는 오랫동안 내가 부족한 사람이라 생각했다. 남들 눈에는 평범하고 부지런해 보였을지 모르지만, 내면에서는 끊임없이 남들과 비교하고, 뒤처지는 기분에 시달렸다. 어떤 분야에 뛰어들든 늘 나보다 더 빠르게, 먼저 앞서가는 사람들이 보였고, 그들을 바라보는 내 시선은 자연스럽게 나 자신을 초라하게 만들었다.

'나는 왜 이 정도밖에 안 될까?'

이런 자책은 어느새 일상이 되었고, 그 감정은 성과를 내더라도 사라지지 않았다. 오히려 만족은 잠깐뿐이었다. 성과를 냈다는 기쁨보다 '더 잘하지 못한 나'에 대한 실망이 훨씬 오래 남았다. 어느 순간 칭찬조차 진심으로 받아들이지 못했고, 노력마저 불안을 달래는 수단이 되어버렸다.

그러던 중 몸에 신호가 찾아왔다. 갑작스러운 고열과 몸살로 몸져누운 것이다. 과로로 몸에 무리가 찾아온 듯했다. 단순한 감기라고 넘기기엔 통증이 꽤 강렬했고, 그보다 더 괴로웠던 건 움직일 수 없다는 사실이었다. 늘 바쁘게, 끊임없이 움직여야 안심하는 사람이었는데, 움직일 수 없는 상황에 부닥치자, 가슴이 터질 듯 답답했다. 신체적 고통보다도, 그 멈춤이 내게 더 큰 고통이었다. 멈추는 순간 모든 걸 잃을 것 같은 불안감이 밀려왔다. 그제야 알았다. 나는 성실한 사람이 아니었다. 불안에 중독된 사람이었다. 끊임없이 뭔가를 해야만 했던 이유는 열정이 아니라 두려움 때문이었다.

그때 진실을 깨달았다. 실패를 두려워하는 마음이 성실함으로 포장되어 있다는 것이다. 자신을 믿지 못하니, 늘 더 준비하려 한다. 하지만 준비가 실행을 막는 순간, 그건 족쇄가 된다. 완벽한 계획을 세우고 모든 변수를 고려하느라 애쓰는 동안, 정작 가장 중요한 것을 놓치고 있었다. 그것은 바로 경험과 배움, 그리고 성장의 기회다. 완벽주의는 겉보기엔 높은 기준처럼 보이지만, 실제로는 시작을 방해하는 교묘한 방해꾼이다.

결국 한 멘토의 권유로, 처음으로 '의도적인 멈춤'을 선택했다. 평소의 나답지 않게, 계획 없는 한 달짜리 해외살이를 감행했다. 단, 조건이 하나 있었다.

'이전의 나와는 전혀 다른 방식으로 살아보기.'

원래라면 하루 일정을 분 단위로 계획하고, 만약을 대비한 짐을 가득 챙겼을 나였다. 하지만 이번엔 달랐다. 한 달짜리 여행에 숙소는 단 3박 4일만 예약했고, 나머지는 현지에서 즉흥적으로 정하기로 마음먹었다. 공항에 도착해서는 가만히 창가에 앉아 밖을 보며 시간을 보냈고, 낯선 거리에서 처음 만난 외국인에게 말을 걸어 함께 맥주를 마시기도 했다.

무계획 속의 작은 실패들이 낯설지만, 이상하게도 편안하게 느껴졌다. 길을 잘못 들었을 때는 새로운 풍경을 만나는 기회가 생겼고, 숙소를 못 잡았을 때는 카페에서 머물면 되었다. 모든 게 계획대로 되지 않아도 세상이 끝나지 않는다는 걸 몸으로 배우고 있었다.

여행에서 나는 처음으로 실패를 실험처럼 다루었다. 예상에서 벗어난 상황이 더 이상 무질서나 실패로 느껴지지 않았다. 오히려 계획되지 않았기 때문에 얻을 수 있는 자유가 있었다. 그때 문득 깨달았다. 나는 실패를 회피하는 데 지나치게 많은 에너지를 쓰고 있었다는 사실을.

성공과 실패의 경계는 생각보다 얇다. 실행하느냐, 망설이느냐. 부딪혀 보느냐, 머릿속에서만 그리느냐. 대부분의 성공은 완벽해서가 아니라, 조금 더 빨리 시작했기 때문에 일어난다. 실행은 경험을 만들고, 경험은 방향을 교정한다. 아마존의 창립자 제프 베조스Jeff Bezos는 "70% 정도의 정보만 있어도 결정을 내려야 한다"라고 조언한다. 완벽한 정보를 기다리다가는 기회를 놓치기 때문이다. 나머지 30%는 직접 부딪히며 배우는 몫이다.

단 한 번의 여행이 내 삶을 송두리째 바꾸진 않았다. 하지만 그 여행은 나에게 한 가지 확신을 심어줬다. 실패는 끝이 아니라 수업이었다. 계획 없는 실행이 가져다준 몇 번의 작은 실패가, 오히려 내가 믿고 있던 삶의 공식을 다시 쓰게 만들었다.

지금 당신이 스스로 부족하다고 느낀다면, 혹은 계속 제자리

걸음을 하고 있다면, 당신도 과거의 나처럼 '너무 딱딱한 사람'일지 모른다. 완벽을 추구하는 마음 자체는 나쁘지 않지만, 그 완벽함이 첫발을 내딛는 걸 막는다면, 그건 독이 된다.

세상은 기다려주지 않는다. 타이밍은 늘 불완전하고, 모든 조건이 갖춰지는 순간은 오지 않는다. 중요한 건 출발하는 용기다. 완벽한 계획보다 불완전한 실행이 더 좋은 결과를 가져온다. 실패를 피하려는 삶보다, 실패를 활용하는 삶이 더 강하다. 결국 인생의 방향을 바꾸는 건 100% 준비된 사람이 아니라, 70%만 준비돼도 시작한 사람이다.

지금 당신 앞에도 미루고 있는 일이 있을 것이다. 더 준비하고, 더 공부하고, 더 완벽해지면 시작하려는 그 일 말이다. 하지만 잠깐만 생각해 보자. 과연 그 '더'는 언제까지일까?

완벽한 순간을 기다리지 마라. 지금, 이 순간을 선택하라. 70%만 준비되어도 충분하다. 나머지 30%는 직접 해보며 배워라. 실패는 당신을 무너뜨리지 않는다. 오히려 당신을 더 단단하게 만든다. 당신이 완벽할 때까지 기다리는 동안, 70%로 시작한 사람들은 이미 세상을 바꾸고 있다.

세상에 나를
10배 더 비싸게 파는 법

"내 상품이 좋다고 진심으로 믿지 않으면, 그 무엇도 팔 수 없다."

이 말은 성공한 영업사원들이 공통으로 강조하는 원칙이다. 그러나 곰곰이 들여다보면 이 말은 단순히 제품 판매를 넘어, 우리가 사회 속에서 자신을 드러내고 설득하는 모든 장면에 적용되는 핵심 원리이기도 하다.

지금 이 순간에도 우리는 구직 시장, 연애 시장, 혹은 사회적 관계 안에서 자신을 판매하고 있다. 자기소개서는 말하자면 '나'라는 상품에 대한 소개서이고, 첫인상과 태도, 말투와 외모는 그 상품의 포장지인 셈이다.

'판다^{sell}'는 말이 다소 거북하게 느껴질 수도 있지만 실상은 정직하다. 우리는 누군가의 선택을 받기 위해 끊임없이 자신의 가치를 포장하고, 설명하고, 설득한다. 그러나 누군가는 이것을 자신을 '가짜로 포장하라'는 뜻으로 착각하지만 오히려 그 반대다.

문제는, 이 과정에서 스스로가 어떤 상품인지조차 모른 채 고객 앞에 내몰리는 경우가 많다는 점이다. 상품에 대해 제대로 알지 못한 채로는, 제값을 받을 수 있는 환경에서 자신의 핵심 가치를 효과적으로 전달하기 어렵다. 즉, 높은 가치를 인정받기 힘들다는 뜻이다. 예를 들어 같은 맥주도 편의점과 야구장 등 어디에서 파느냐에 따라 가격이 달라진다. 사람이라고 다를까? 같은 능력을 갖춘 사람도, 어떤 환경에서 어떤 방식으로 자신을 표현하느냐에 따라 완전히 다른 평가를 받게 된다.

그렇다면 한번 스스로에게 물어보자. "나는 어떤 사람인가?" "내가 가장 잘할 수 있는 일은 무엇이며, 어떤 환경에서 빛을 발하는가?" 이 질문에 망설임 없이 대답할 수 없다면, 당신은 아직 자신이라는 브랜드를 진지하게 탐색해 본 적이 없는 것일 수 있다. 많은 사람이 취업을 앞두고 자기소개서를 쓴다. 하지만 그 안에 담기는 내용조차도 대개 인터넷에서 본 템플릿이거나, 남들의 기준을 흉내 낸 말들이다. 정작 자신이라는 브랜드에 대한 진지한 **탐색과 분석은 빠져** 있다.

나를 고가의 제품으로 포지셔닝하려면, 내가 가진 특성과 가치를 먼저 명확히 파악해야 한다. 무작정 '좋은 사람', '열심히 하는 사람'이라는 막연한 이미지로는 시장에서 살아남을 수 없다. 제품도 마찬가지다. 어떤 기능이 있고, 누구를 위해 존재하며, 어떤 문제를 해결해 줄 수 있는지를 설명할 수 있어야 한다.

이는 결국 진정한 자기 이해에서 출발한다. 어떤 맥락에서 가장 빛을 발하고, 어떤 팀이나 분야에서 가치를 창출할 수 있는 사람인지에 대한 명확한 정의가 필요하다. 반대로 자기 분석 없이 이력서를 제출하고, '열심히'라는 뻔한 장점만 들고 시장에 나가는 것은 결국 자신의 진짜 가치를 숨기는 것과 다름없다.

그렇다면 구체적으로 어떻게 해야 할까?

첫째, 자신에 대한 '상품 분석서'를 써보자.

지금까지 해온 일, 흥미 있었던 경험, 남들보다 상대적으로 잘 해냈던 것을 정리하고, 그 안에서 일관되게 나타나는 나만의 특성을 찾아내야 한다. "예를 들어, 친구들이 고민을 털어놓을 때 항상 당신에게 먼저 연락한다면, 당신의 강점은 단순히 '친화력'을 넘어, '사람의 마음을 편하게 해주는 능력'일 수 있다.

둘째, 내가 잘 작동하는 환경과 그렇지 않은 환경을 구분해라.

아무리 훌륭한 기능을 가진 제품도 잘못된 시장에 놓이면 빛을 발하지 못한다. 반대로 내 강점이 빛을 발할 수 있는 시장이라면 지금보다 훨씬 더 높은 평가를 받을 수 있다. 이는 타협이 아니라 전략이다. 혼자 작업할 때 최고의 퍼포먼스를 내는 사람이 굳이 팀워크를 강조하는 회사에 들어갈 이유는 없다.

셋째, 나라는 브랜드를 표현하는 언어를 스스로 다듬어라.

자기소개, SNS, 대화, 모든 접점에서 내가 누구인지 일관되게 드러나야 한다. 브랜딩은 거창한 게 아니다. 진정성 있는 언어와 태도를 꾸준히 반복할 때 자연스럽게 만들어지는 것이다. '복잡한 것을 쉽게 설명하는 사람'이라는 정체성을 가졌다면, 프레젠테이션에서도, 카톡 메시지에서도, 친구와의 대화에서도 그 명쾌함이 느껴져야 한다.

그리고 마지막으로 꼭 기억해야 할 점이 있다.

세상은 '가치'가 아니라 '가치를 드러낸 사람'에게 반응한다.

능력이 있다고 해서 당연히 인정받는 시대는 지났다. 이제는 내가 가진 능력을 누구보다 구체적으로 설명할 수 있어야 하고, 그것이 필요한 사람 앞에서 명확히 보여줄 수 있어야 한다. 하지만 이는 가식적인 포장과는 완전히 다르다. 진짜 나를 가장 효과적으로 표현하는 방법을 찾는 것이다.

아무리 좋은 상품도 포장하지 않으면 팔리지 않고, 설명하지 않으면 이해받지 못한다. 마찬가지로 아무리 뛰어난 사람도 자신의 가치를 제대로 표현하지 못하면 그만큼의 인정을 받기 어렵다.

결국 '세상에 나를 가장 비싸게 파는 방법'이란, 나라는 존재에 대해 누구보다 정확하게 이해하고, 그것을 필요로 하는 사람에게 가장 잘 닿을 수 있는 언어로 전달하는 능력이다. 나의 특성과 쓰임새, 환경과 언어를 정교하게 설정할 때, 우리는 더 이상 싸게 팔리는 존재가 아닌, 시장에서 주체적으로 가치를 창출하는 존재로 거듭나게 된다.

자신이 어떤 사람인지조차 모른 채 내던져지는 삶에서 벗어나, 자신을 완벽히 이해하고 설계하며 전달하는 삶으로 전환하라. 그것이 지금 시대에서 가장 현실적이고, 가장 강력한 자기계발이다. 진정한 자아를 바탕으로 한 전략적 브랜딩, 그것이야말로 세상에 나를 제값에 파는 가장 확실한 방법이다.

여전할 것인가
역전할 것인가

　누구에게나 사연은 있다. 나 역시 그랬다. 단순히 남들보다 더 잘 살고 싶어서가 아니었다. 생존 이상의 삶, 스스로 자부심을 가질 수 있는 삶을 원했다. 그래서 남들이 걷는 안전한 길 대신, 조금은 다른 길을 선택했다.

　처음에는 기대와 희망이 컸다. 떠도는 정보를 모아 공책에 정리하고, 강의를 듣고, 돈 버는 방법이 있다면 무엇이든 시도했다. 그렇게만 하면 시간은 조금 걸리더라도, 언젠가는 원하는 결과를 만들어낼 수 있을 줄 알았다. 하지만 현실은 냉정했다. 노력만으로는 세상이 쉽게 바뀌지 않았다.

　앞서가는 사람들과의 격차는 상상 이상이었다. 내가 하나를 시도하는 동안, 그들은 이미 열 가지를 모두 시도해 본 뒤 가장 효과적인 방법을 적용하고 있었다. 경험과 이해의 깊이는 비교 대상조차 되지 않았다. 시간은 흐르고, 나는 어느새 도전을 반복하다 취업을 고민해야 하는 나이가 되어 있었다.

내 손에 쥔 건 이름 없는 프로젝트 몇 개와 무수한 실패뿐이었다. 사회적으로는 설명할 수 없는 '애매한 경력'이었다. 후배들은 먼저 취업했고, SNS에는 사원증을 든 인증샷이 넘쳐났다. 그럼에도 나는 희망이란 단어를 붙잡고 방향을 찾고 있었다.

돌이켜보면, 노력하지 않은 건 아니다. 하지만 그때의 나에게는 결정적인 문제가 있었다. 바로 집중력의 부족이었다. 여기서 말하는 집중력은 단순히 일에 몰두하는 것을 말하는 게 아니다. 말 그대로 너무 많은 것을 동시에 잡으려 하다 보니, 어느 하나에도 깊이 몰입하지 못했다. 한 가지에 집중해야 할 시간에 다른 것들을 신경 쓰느라 정작 중요한 건 놓치고 있었다.

그러던 어느 날, 마지막이라는 생각으로 그동안 보기만 했던 SNS에 직접 콘텐츠를 올리기 시작했다. 이번만큼은 단 하나에만 집중해 보자고 마음먹었다. 나중에 실패하더라도, 적어도 '제대로 해봤다'는 경험은 갖고 싶었다. 그날, 노트에 사자성어 하나를 적었다. '불광불급 不狂不及' 미치지 않으면 목표에 미치지 못한다는 뜻을 지닌 그 문장은 그간 내가 놓치고 있던 핵심이었다.

매일 정해진 시간에 앉아 콘텐츠 하나를 완성하는 것에만 집중했다. 수익이 없어도, 반응이 없어도 매일 무슨 일이 있어도 하나씩 만들었다. 다른 기회들이 보여도 눈을 돌리지 않았다. 오직 단 한 가지, 최고의 콘텐츠를 만든다는 목표만 바라봤다.

매일 가던 스터디카페에서 늘 옆자리에 앉던 공시생을 기준으로 삼았다. 그가 오기 전에 먼저 와야 했고, 그가 집에 가고 나서야 집으로 출발했다. 인간관계도 휴식의 개념도 사라졌다. 대신 온전히 나에게 집중하는 시간이 시작됐다. 그렇게 3년이 흘렀다. 지금은 매달 수천만 명이 내 콘텐츠를 보고, 종종 삶이 변했다는 DM을 받기도 한다.

정상인처럼 보이지 않는 몰입과 남들과는 다른 열정, 고통을 견뎌내는 집중력. 이 삼박자가 갖춰진 사람만이 이 무한경쟁 사회에서 자신만의 영역을 확보할 수 있다. 결국, 무언가에 깊이 몰입하지 않으면 눈에 띄는 결과는 만들어지지 않는다는 뜻이다.

"이 정도면 괜찮겠지."
"버티다 보면 알아서 되겠지."

이런 기대는 대부분 현실과 타협된 자기 위안일 뿐이다.
불광불급. 미치지 않으면 미칠 수 없다. 이 말은 단순한 고사성어가 아니라, 요즘 사람들에게 가장 필요한 성공의 본질이다.

누구나 하고 싶은 일은 있다. 하지만 그 일에 전념하는 사람은 드물다. 목표가 있다면, 적어도 한 번은 평범함을 버리고 모든 걸 걸어야 한다.

불안함과 동시에 흥분되는 목표를 향한 그 감정이 사라지기 전에, 남의 기준에서 벗어나 자신의 서사를 만들어야 한다. 그리고 나는 그 선택이 결코 후회되지 않을 것이라고 확신한다. 만약 당신이 평범하지 않은 인생을 원한다면, 지금, 단 하나에 미쳐보라 말하고 싶다. 인생이 바뀌는 데 오랜 시간이 걸리지는 않는다. 확실한 건, 한 가지에서 최고를 찍고자 매일 눈을 뜰 때부터 자기 전까지 그 생각만 하는 사람이 있다면, 그 사람은 실패하기가 더 어렵다. 자연스럽게 기회를 발견할 수 있는 예리한 눈이 생기기 때문이다.

조언을 받기 전
3가지만 확인하세요

"안정적인 대기업에 취직해라."
"30대 안에 결혼해라."
"창업은 위험하다."

이런 말을 한 번쯤 들어본 적 있을 것이다. 문제는 이런 정답들이 언제, 누구에 의해, 어떤 상황에서 만들어진 것인지 아무도 제대로 묻지 않는다는 점이다.

10년 전만 해도 "유명 대기업에 들어가면 평생 걱정 없어"라는 말이 통했다. 하지만 지금은 어떤가? 대기업도 구조조정을 하고, 새로운 산업이 기존 산업군을 완전히 대체하기도 한다. 이렇게 급변하는 환경 속에서도 여전히 대다수 사람이 과거의 정답에 매

달려 있다.

모든 '사회적 정답'들은 과거 특정 시대의 성공 사례들을 일반화한 것에 불과하다. 마치 20년 전 주식 투자법으로 지금 투자하려는 것과 같다. 시대가 바뀌었는데 전략은 그대로인 셈이다.

만약 어떤 선택을 앞두고 있을 때 누군가가 당신에게 조언한다면 다음 3가지를 스스로에게 물어보자.

정답의 함정에서 벗어나는 3가지 질문

첫째, 조언해 주는 사람이 내가 원하는 삶을 살고 있는가?

부모님은 사랑으로 조언하지만, 그분들이 살아온 시대와 지금은 다르다. 직장 선배는 경험으로 말하지만, 그의 성공 방식이 당신에게 맞지 않을 수 있다. 조언자의 현재 상황과 당신이 원하는 미래가 얼마나 겹치는지 항상 냉정하게 판단해야 한다.

둘째, 이 선택이 10년 후에도 유효할까?

안정적이라고 여겨지는 직업들이 AI로 대체되고 있다. 반면 10년 전엔 존재하지 않았던 유튜버, 인플루언서, 데이터 분석가 같은 직업들이 새롭게 생겨났다. 현재의 안정이 미래의 안정을 보장하지 않는다. 그래서 변화에 적응할 수 있는 선택인지 유심히 생각해 봐야 한다.

셋째, 내가 정말 원하는 것은 무엇인가?

사회가 제시하는 성공의 기준(높은 연봉, 큰 집, 좋은 차)이 정말 당신이 원하는 것인가? 아니면 그냥 '그래야 한다'라고 생각하는 것인가? 남들이 부러워하는 삶과 내가 만족하는 삶은 다를 수 있다. 그러므로 내가 진짜 원하는 것이 무엇인지 반드시 알아야 한다.

다음은 나만의 정답을 만드는 실전 방법 4가지다.

나만의 정답을 만드는 실전 방법 4가지

첫째, 다양한 성공 사례 연구하기

한 가지 길만 보지 말고, 다양한 방식으로 성공한 사람들의 이야기를 찾아라. 전통적인 방식으로 성공한 사람도 있고, 완전히 새로운 방식으로 성공한 사람도 있다. 각각의 장단점을 비교하면 나에게 어떤 방식이 맞는지 알 수 있다.

둘째, 작은 실험부터 시작하기

큰 결정을 내리기 전에 작은 실험부터 해보자. 창업이 궁금하다면 주말에 작은 사업을 시작해 보고, 새로운 분야가 궁금하다면 온라인 강의를 들어라. 몸으로 겪는 경험은 백 개의 조언보다 정확하고 강력하다.

셋째, 실패 비용 계산하기

위험하다는 말에 겁먹지 말고, 구체적으로 무엇을 잃을 수 있는지 계산해라. 최악의 경우를 가정해도 감당할 수 있는 수준이라면 그건 충분히 도전할 만한 일이다.

넷째, 현재진행형 롤모델 관찰하기

성공담보다는 현재진행형인 사람을 관찰하라. SNS, 유튜브, 블로그를 통해 실제로 어떤 일상을 살고 있는지, 어떤 어려움을 겪고 있는지 살펴보면 이상화된 성공담 보다 현실적인 통찰을 얻을 수 있다.

정답이 없다는 것이 정답이다.

중요한 건 '누구에게나 맞는 답'을 찾는 것이 아니라, '지금의 나에게 맞는 답'을 찾는 것이다.

같은 대학을 나와도 누구는 대기업에서 안정감을 느끼고, 누구는 창업에서 성취를 찾는다. 누구는 서울에서 속도감 있게 살고, 누구는 지방에서 여유로운 삶을 즐긴다.

세상이 말하는 정답은 평균값에 불과하다. 하지만 당신은 평균이 아니라 단 하나의 고유한 존재다. 당신에게는 당신만의 성격, 능력, 상황, 가치관이 있다. 그 모든 것을 고려한 선택이야말로 당신만의 정답이다.

남들이 걷는 길이 편해 보일 수 있다. 하지만 그 길이 당신이 원하는 목적지로 이어지는지는 전혀 다른 문제다. 때로는 아무도 가지 않은 길을 걸어야 원하는 곳에 도착할 때도 있다. 세상이 제시하는 정답을 참고는 하되, 맹신하지는 마라. 그리고 기억하라. 10년 후, 20년 후 당신의 선택에 책임질 사람은 조언을 해준 사람이 아닌 오직 당신 자신이라는 것을.

당신이 매년 변하지 않는
진짜 이유

    매년 1월 1일, 사람들은 새로운 다짐을 한다. 운동, 독서, 금연, 다이어트, 새벽 기상까지 목표는 다양하지만, 결과는 놀랍도록 비슷하다. 대부분의 결심은 3주를 넘기지 못한 채, 이전의 패턴으로 돌아간다. 매년 결심은 반복되지만, 행동은 끝내 습관으로 이어지지 않는다.

    그런데 이 현상은 단순히 의지력이 부족해서가 아니라, 뇌가 작동하는 방식과 밀접한 관련이 있다. 뇌는 실제 목표를 달성하지 않아도, 계획을 세우는 순간부터 도파민을 분비한다. 이를 '보상 예측 오류Reward Prediction Error'라고 부른다. 목표를 성취하는 과정을 머릿속으로 시뮬레이션하는 것만으로도 뇌는 성취감을 느끼며, 이미 보상을 받은 것처럼 반응한다.

하지만 막상 행동에 들어서면 즉각적인 보상이 없어서 도파민 분비가 줄어들고, 흥미는 빠르게 식는다. 그래서 사람은 계획을 세울 때 가장 열정적이고, 실천에 이르면 금세 지치고 포기한다. 반복되는 결심의 쾌감이 오히려 실행력을 갉아먹는 셈이다.

여기에 기존 행동 패턴이 가진 '관성의 힘'도 무시할 수 없는데, 물리학에서 관성이 변화에 저항하듯, 인간의 뇌도 익숙한 행동을 유지하려는 성질을 지닌다. 새로운 습관을 만들려 할 때마다, 뇌는 낯선 루틴을 회피하고 기존의 행동 회로를 자동으로 반복한다. 특히 기존 습관은 즉각적인 만족감을 주지만, 새로운 습관은 장기적 보상에 기반해 있어 시작부터 부담이 크다. 변화보다 익숙함에 끌릴 수밖에 없는 건, 뇌가 그렇게 설계되어 있기 때문이다.

그렇다면 이 반복을 어떻게 끊을 수 있을까? 핵심은 의지력이 아니라 구조에 있다. 아래 3가지 전략은 결심만 반복하는 삶을, 실제 변화로 이끄는 현실적인 방법이다.

첫째, 환경을 설계하라.

심리학자 웬디 우드Wendy Wood는 인간의 행동 중 43% 이상이 의식적 선택이 아닌, 자동적 습관에 기반한다고 밝혔다. 즉, 환경을 바꾸는 게 습관 형성의 핵심이라는 뜻이다. 예를 들어, 커피 대신 물을 많이 마시고 싶다면 억지로 자신을 설득하기보다, 물병을 책상 위에 두고 커피는 찬장 안에 넣어두는 것이 훨씬 효과적이다. 아니, 아침에 일어나자마자 물 한 잔을 마실 수 있도록 침대 옆에 물을 준비해도 좋다. 이러한 작은 환경 설정이 결심을 노력이 아닌, '당연한 행동의 수순'으로 이끈다. 행동은 각오가 아닌 설계에서 시작된다.

둘째, 목표의 진입 장벽을 낮춰라.

대부분 사람은 시작하기 전, 큰 목표부터 세운다. 이런 현상을 두고 퓰리처상 수상 작가인 애니 딜라드 Annie Dillard는 자신의 저서 《창조적 글쓰기 The Writing Life》에서 이렇게 말했다. "하루를 어떻게 보내는지가, 결국 당신의 인생을 결정한다." 인생은 거대한 결심이나 완벽한 계획이 아니라, 오늘 하루를 어떻게 보내는지에 달려 있다. 겉보기에만 화려한 목표를 세울 것이 아니라, 작은 목표라도 지금 당장 시작할 수 있는 형태로 잘게 쪼개 계획하는 습관이 필요하다.

셋째, 보상을 즉각적으로 설계하라.

심리학 연구에 따르면, '즉각적 보상'은 습관의 유지에 긍정적인 영향을 미친다. 예를 들어, 운동할 때만 듣는 플레이리스트를 만들거나, 책을 읽을 때만 커피를 마시는 등, 단기 보상을 설정하면 뇌의 만족 회로를 강화할 수 있다. 이는 실행력을 지켜주는 중요한 장치다.

결심 중독자와 결과를 만드는 사람의 차이는 단순히 의지력에 있지 않다. 전자는 도파민이 주는 착각 속에서 계획만 세우며 제자리를 맴돌고, 후자는 구조와 환경을 바꾸며 실질적인 행동 루틴을 만들어간다.

지속 가능한 변화는 결심의 강도가 아니라, 시스템의 설계에서 비롯된다. 결심은 찰나지만, 습관은 구조다. 삶을 바꾸고 싶다면, 의지보다 시스템을 먼저 점검하라.

새해 결심을 또다시 세우기 전에, 잠시 멈춰서 물어보자. "나는 지금까지 결심을 세웠는가, 아니면 시스템을 설계했는가?" 답이 전자라면, 이제는 후자로 전환할 때다. 당신의 뇌는 이미 변화할 준비가 되어 있다. 단지 올바른 방법을 기다리고 있을 뿐이다.

의지력 '0'인 사람도
자동으로 성공하는 비밀

집 앞에 짧은 2차선 횡단보도가 하나 있다. 하지만 신호등이 무색하게, 무단횡단을 하는 사람들이 참 많다. 차가 오지 않으면 굳이 신호를 기다릴 이유가 없다고 생각하는 것이다. 그런데 상황이 조금만 바뀌어도 행동이 완전히 달라진다. 아이가 옆에 서 있거나 여러 사람이 함께 기다리고 있으면, 바로 전날 무단횡단을 했던 그 사람도 얌전히 신호를 기다린다. 심지어 차가 전혀 보이지 않는 상황에서도 말이다. 똑같은 사람, 똑같은 상황인데 무엇이 이런 차이를 만드는 걸까?

답은 '환경'에 있다. 혼자 있을 때와 다른 사람이 함께 있을 때, 환경의 차이에 따라 행동도 자연스럽게 바뀌는 것이다. 단순히 남들 시선을 의식해서가 아니다. 인간의 뇌는 환경적 신호에 자동으로 반응하도록 설계되어 있다. 우리가 의식적으로 결정하기 전에, 환경이 이미 우리의 행동을 통제하고 있는 것이다.

"이번에는 정말 다이어트에 성공하겠어."
"매일 아침에 러닝을 30분씩 뛸 거야."
"공부할 때는 스마트폰을 만지지 않겠어."

우리는 끊임없이 이런 다짐을 한다. 그리고 얼마 지나지 않아 다시 예전 습관으로 돌아간다. 그때마다 우리는 의지력이 부족한 자신을 자책한다.

하지만 진짜 문제는 의지력이 아니다. 바로, 환경이다. 냉동실에 아이스크림이 있는 상태에서 다이어트에 성공하기는 쉽지 않다. 침대 옆에 스마트폰을 두고 밤늦게 보지 않겠다고 다짐하는 것도 마찬가지다. 아무리 의지가 강한 사람이라도 매 순간 유혹과 싸워 이길 수는 없다.

심리학자 로이 바우마이스터[Roy F. Baumeister]의 연구에 따르면, 의지력은 체력과 같아서 사용할수록 고갈된다고 한다. 하루 종일 여러 가지 결정을 내리고 유혹을 이겨내다 보면, 저녁에는 의지력이 바닥난다. 그래서 대부분 사람이 밤에 다이어트를 포기하고 야식을 시키는 것이다. 반면 환경은 지치지 않는다. 24시간 내내

일관되게 우리에게 신호를 보낸다. 좋은 환경은 좋은 행동을 자동으로 유도하고, 나쁜 환경은 나쁜 행동을 부추긴다. 성공하는 사람들의 비밀은 강한 의지력이 아니라, 자신에게 유리한 환경을 설계하는 능력에 있다.

행동경제학에서는 이를 '넛지^{Nudge}' 이론이라고 부른다. 사람들의 선택권은 그대로 두면서, 더 나은 선택을 하도록 환경을 조정하는 것이다. 예를 들어, 무인 식당에서 샐러드를 눈에 잘 보이는 곳에 배치하고 튀김을 안쪽에 두면, 사람들은 자연스럽게 샐러드를 더 많이 선택하게 된다.

이 원리를 개인의 목표 달성에 적용하면 놀라운 효과를 볼 수 있다. 핵심은 좋은 행동은 쉽게 만들고, 나쁜 행동은 어렵게 만드는 것이다. 심리학에서는 이를 '마찰^{friction}'의 개념으로 설명한다. 좋은 습관을 시작하는 데 드는 노력은 최소화하고, 나쁜 습관을 시작하려면 더 많은 단계를 거치도록 만드는 것이다. 습관의 마찰을 조절한다고 생각하면 쉽다.

예를 들어, 매일 독서를 하고 싶다면 책을 침대 옆에 두고, 스마트폰은 다른 방에 충전기와 함께 놓아두면 된다. 그러면, 잠들기 전에 자연스럽게 책에 손이 가게 된다. 스마트폰을 보려면 일어나서 다른 방까지 가야 하니, 자연스레 사용 빈도도 줄어든다. 이처럼 작은 환경 변화만으로도 효율과 집중력을 단시간에 올릴 수 있다.

공부 습관 만들기

공부 환경에서 가장 중요한 것은 방해 요소를 제거하는 것이다. 책상 위에는 공부에 필요한 것만 두고, 나머지는 모두 치워야 한다. 스마트폰은 다른 곳에 두거나, 최소한 서랍 안에 넣어두어라. 대신 공부에 도움이 되는 것들은 손에 닿기 쉬운 곳에 배치하라. 필기구, 물, 간단한 간식 등을 미리 준비해 두면 공부하다가 일어날 이유가 줄어든다.

또한 시각적 자극도 중요하다. 목표를 적은 포스트잇을 잘 보이는 곳에 붙이고, 진행 상황을 체크할 수 있는 달력이나 차트를 벽에 걸어두어라. 이런 시각적 단서들이 지속적으로 목표를 떠올리게 해준다.

운동 습관 만들기

운동을 시작하는 가장 큰 장벽은 '시작의 마찰'이다. 운동복으로 갈아입고, 가방을 챙기고, 헬스장까지 가는 과정이 번거롭다면 운동할 확률은 급격히 떨어진다. 이 마찰을 최대한 줄여야 한다. 마찰을 줄이기 가장 좋은 방법은 다음과 같다.

운동복을 미리 침대 옆에 준비해 두고, 운동 가방을 문 앞에 놓아라. 가능하다면 집에서 할 수 있는 운동 도구들을 잘 보이는 곳에 배치하는 것도 좋다. 아령이나 요가 매트가 눈에 보이면 자연스럽게 "잠깐 운동이라도 해볼까?"라는 생각이 든다.

운동 후의 기분 좋은 경험도 환경으로 설계할 수 있다. 운동 후에 마실 맛있는 음료를 준비해 두거나, 좋아하는 향의 바디워시를 미리 갖춰두는 것이다. 이런 긍정적 보상이 운동과 연결되면, 뇌는 운동을 즐거운 활동으로 기억하게 된다.

인간관계와 사회적 환경

환경 설계에서 가장 강력한 요소는 사람이다. 횡단보도 예시에서도 보았듯이, 주변 사람들이 우리 행동에 미치는 영향은 생각보다 크다. 목표 달성을 위해서는 자신에게 긍정적 영향을 주는 사람들과 더 많은 시간을 보내고, 부정적 영향을 주는 사람들과는 거리를 두어야 한다.

운동을 하고 싶다면 운동하는 친구들과 어울려라. 독서하고 싶다면 독서 모임에 참여하라. 창업을 꿈꾼다면 창업 관련 커뮤니티에 가입하라. 같은 목표를 가진 사람들과 함께 있으면, 그 행동이 자연스럽고 당연한 것이 된다.

반대로 부정적인 영향을 주는 환경은 의식적으로 피해야 한다. 매번 술을 권하는 사람들, 부정적인 이야기만 하는 사람들, 꿈을 비웃는 사람들과는 거리를 두어라. 이는 냉정한 선택이지만, 목표 달성을 위해서는 반드시 필요한 결정이다.

스마트폰 환경 조절

스마트폰과 컴퓨터는 강력한 도구이지만, 잘못 설계하면 가장 큰 방해 요소가 되기도 한다.

먼저 스마트폰의 알림을 정리하라. 꼭 필요한 알림만 켜두고, 나머지는 모두 꺼라. SNS 알림, 게임 알림, 쇼핑 앱 알림 등은 대부분 불필요한 방해 요소다. 대신 목표 달성에 도움이 되는 앱들은 홈 화면에 배치하라. 독서 앱, 운동 앱, 영어 공부 앱에 쉽게 접근할 수 있게 만드는 것이다.

인터넷 환경도 마찬가지다. 컴퓨터 배경 화면을 목표와 관련된 이미지로 변경하라. 그리고 자주 방문하는 웹사이트를 목표와 연관된 것들로 바꿔라. 무의식적으로 인터넷을 켤 때마다 목표와 관련된 정보를 접하게 되면, 자연스럽게 동기가 유지된다.

환경은 24시간 일한다

환경 설계의 가장 큰 장점은 한 번 설정해 두면 지속해서 효과를 발휘한다는 점이다. 의지력은 피곤할 때 약해지고, 스트레스 받을 때 무너지지만, 잘 설계된 환경은 24시간 내내 당신을 올바른 방향으로 이끈다.

성공하는 사람들은 자신의 의지력을 믿지 않는다. 대신 자신에게 유리한 환경을 만들고, 그 환경이 자동으로 좋은 결과를 만들어내도록 설계한다. 이것이 바로 지속 가능한 성공의 비밀인 것이다.

지금 당장 주변을 둘러보라. 당신의 환경이 당신의 목표를 돕고 있는가, 아니면 방해하고 있는가? 작은 변화부터 시작해도 좋다. 책상 정리, 스마트폰 설정 변경, 운동복 준비 등 간단한 것부터 바꿔보라. 환경이 바뀌면 행동이 바뀌고, 행동이 바뀌면 결과도 바뀐다. 의지력에 의존하지 말고, 환경의 힘을 활용하라. 그것이 바로 목표를 가장 확실하게 달성하는 방법이다.

나쁜 습관에서
벗어나지 못하는 이유

"습관을 없애는 것은 불가능하다. 다른 습관으로 바꾸는 것만 가능할 뿐이다."
- 찰스 듀히그 Charles Duhigg

사람들은 나쁜 습관을 없애기만 하면 인생이 달라질 거라 믿는다. 하지만 진짜 변화는 어떤 습관을 없애는지가 아니라, 그 공간을 무엇으로 채우느냐에 달려 있다.

나 또한 수없이 실패를 반복했다. "꼭 매일 새벽 기상을 하겠어.", "꼭 일본어 공부 시작해야지."라며 다짐했지만, 언제나 그렇듯 일주일도 채 지나지 않아 작년과 같은 삶으로 돌아갔다.

왜 대부분의 금연, 금주, 다이어트가 실패로 끝날까? 답은 단순하다. 우리는 나쁜 습관을 '빼는 일'에만 집중할 뿐, 그 자리를 좋은 습관으로 '채우는 일'에는 관심이 없다. 뇌 연구에 따르면, 기존 신경 회로를 단순히 차단하는 것보다 새로운 회로를 만드는 것이 훨씬 효과적이다. 습관은 뇌에서 자동으로 실행되는 프로그램이다. 이 프로그램을 삭제하려 하면 뇌는 불안감을 느끼고 원래 상태로 돌아가려 한다. 하지만 더 나은 프로그램으로 '교체'하면 뇌는 자연스럽게 새로운 패턴을 받아들인다. 다시 말해, 우리는 기존의 나쁜 습관을 새로운 좋은 습관으로 바꿔야 한다.

문제는 사람들이 대부분 의지력에만 의존한다는 점이다. 의지력은 근육처럼 지치기 때문에 하루 종일 버티기 어렵다. 오후에 스트레스를 받으면 아침의 다짐은 쉽게 무너진다. 이때 필요한 것이 '시스템'이다. 의지력이 아닌 구조의 힘으로 자연스럽게 행동을 바꾸는 것이다.

다음은 매번 습관 바꾸기에 실패하는 당신을 위한 습관 대체 5단계 프로세스다.

습관 대체 5단계 프로세스

첫째, 현재 습관의 '트리거' 파악하기

모든 습관에는 시작점이 있다. 스마트폰을 무의식적으로 만지는 순간, 야식을 주문하고 싶어지는 시간, 일을 미루고 싶어지는 상황을 정확히 기록하라. 일주일만 관찰해도 패턴이 명확해진다.

둘째, 트리거 순간에 할 대체 행동 설계하기

예를 들어 오후 3시마다 스마트폰을 확인하는 습관이 있다면, 그 시간에 물을 한 잔 마시거나, 1분 스트레칭을 진행하라. 핵심은 기존 습관보다 쉽고 즉시 만족감을 주는 행동을 선택하는 것이다.

셋째, 환경 재설계하기

습관은 주변 환경의 산물이다. 침대 옆에 스마트폰을 두면 자연스럽게 만지게 되고, 냉장고에 맥주가 있으면 저절로 손이 간다. 나쁜 습관의 도구는 멀리 두고, 좋은 습관의 도구는 가까이 배치하라.

넷째, 꾸준한 실행으로 새로운 회로 만들기

습관 연구자들은 새로운 행동이 자동화되기까지 평균 66일이 걸린다고 말한다. 하지만 이조차 개인차가 심하다. 중요한 건 기간이 아니라 일관성이다. 의지력에 의존하지 말고, 시스템에 의존하라. 힘들다면 알람을 설정하고, 체크리스트를 만들고, 주변 사람들에게 도움을 요청하라.

다섯째, 작은 성공을 축하하기

뇌는 보상을 받을 때 해당 행동을 반복하려 한다. 새로운 습관을 실행할 때마다 스스로에게 작은 보상을 주어라. 좋아하는 음료 한 잔, 좋아하는 노래 한 곡을 듣는 것만으로도 충분하다.

좋은 습관을 만드는 데만 몰두하지 마라. 늦게 자고, 늦게 일어나고, 해야 할 일을 미루는 습관은 하나의 연결 고리로 묶여 있다. 그중 하나를 억지로 끊으려 들면 반작용이 온다. 대신 전체 흐름을 재설계해야 한다. 이를 억지로 고치기보다는, 방향을 조금 바꾸고 흐름을 갈아타야 한다. 참는 건 일시적이지만, 대체하는 건 지속 가능하다.

만약 지금 마음에 들지 않는 나만의 루틴이 있다면, 무작정 새로운 걸 더하려 하지 말고 다음을 질문해 보라. "내가 없애야 할 습관은 무엇인가?" 그리고 그 자리에 무엇을 넣을 수 있을지를 고민하라.

습관은 단순한 반복이 아니라, 설계의 문제다. 인생은 좋은 것들을 더한다고 바뀌지 않는다. 불필요한 것을 덜어낸 그 자리에, 나에게 맞는 선택을 하나씩 채워가는 데서부터 진짜 변화가 시작된다.

배고플 때
장 보지 마라

"왜 매번 같은 실수를 반복하는 걸까?"

열심히 살고, 신중하게 판단하려 해도, 돌아보면 늘 미련이 남는다. 잘못된 관계, 과한 소비, 조급하게 내린 결정들. 어느 순간 내린 판단들이 시간이 지나면서 '왜 그랬을까'라는 질문으로 되돌아온다. 그런데 이런 후회에는 하나의 공통점이 있다. 거의 감정이 격해진 순간에 내린 판단이라는 것이다.

대표적인 예가 '배고플 때 장을 보는 것'이다. 공복 상태에서는 생존본능에 따라, 뇌가 고열량·고당분의 식품을 우선적으로 찾는다. 코넬대학교 연구 결과, 배고플 때 장을 보면 과잉 구매 확률이 64% 이상 증가한다. 아마 식사를 거르고 장을 보러 갔다가 평소에는 사지도 않는 먹을거리들로 가득 찬 카트를 밀고 나온 경험이 한 번쯤 있을 것이다. 이건 단순한 실수가 아니다. 배고픔이라는 감정적 결핍이 판단력을 흐려 불필요한 선택을 하게 만든 것이다.

이 원리는 인간관계에서도 똑같이 적용된다. 외로울 때 시작한 연애는 대개 결과가 좋지 않다. 진짜 사랑해서가 아니라 공허함을 메우기 위해 시작한 관계이기 때문이다. 그러다 보니 상대를 있는 그대로 보지 못한다. 당장의 외로움을 채우는 데만 급급하기에, 상대가 마치 나에게 꼭 필요한 존재인 것처럼 착각하게 된다. 건강한 관계는 혼자여도 괜찮다는 여유가 있을 때 비로소 가능하다.

중요한 결정의 순간도 마찬가지다. 기분이 좋을 때는 모든 일이 잘 풀릴 것 같지만, 우울할 때는 아무것도 해낼 수 없을 것처럼 느껴진다. 이런 감정 상태는 판단의 정확성을 떨어뜨린다. 그래서 나는 중요한 결정을 내릴 때 반드시 하루의 여유를 둔다. 시간이 지나고 감정이 가라앉은 뒤에도 여전히 좋은 선택이라고 생각되면, 그제야 실행에 옮긴다. 특히 누군가가 지금 아니면 기회를 놓친다며 재촉할수록 더 차분하게 생각한다. 재촉하는 제안일수록 상대방에게 유리한 경우가 많기 때문이다.

감정은 강렬하지만 일시적이다. 그 순간엔 모든 게 분명해 보이지만, 막상 시간이 지나고 나면 "내가 그때 왜 그랬을까"하며 후회하게 된다. 신경과학으로도 이를 설명할 수 있다, 감정이 격해지면 뇌의 편도체가 활성화되면서 논리적 사고를 담당하는 전두엽의 기능을 억제한다. 따라서 이때 내리는 판단은 실제로 '나'를 위한 결정이기보다, 감정을 해소하기 위한 방편일 가능성이 크다. 감정이 치솟을수록 우리는 '지금의 나'에게만 집중하게 되고, '미래의 나'는 시야에서 사라진다.

이를 방지하는 핵심은 여유다. 여유는 단지 시간을 많이 갖는 게 아니다. 감정과 행동 사이에 '간격'을 두는 훈련을 하는 것이다. 즉각적으로 반응하지 말고, 잠시 멈춰 스스로에게 물어라. "지금 이 감정이 사라진 뒤에도, 나는 같은 선택을 할 것인가?" 그 질문 하나로 후회를 막을 수 있다.

여유는 훈련으로 만들어진다. 아침에 10분 일찍 일어나기, 감정이 격할 때 물 한 잔 마시기, 중요한 메시지는 충분한 고민 후에 답장하기. 이런 작은 루틴들이 한 뼘의 여백을 만든다. 급할수록 돌아가라는 말은 단순한 교훈이 아니라, 인간의 뇌 구조에 기반한 전략이다.

감정이 지나간 자리에도 유효한 선택만이 당신을 더 나은 미래로 이끈다. '배고플 때 장 보지 말라'는 말은 단순한 다이어트 조언이 아니라, 인생의 불필요한 시행착오를 줄이는 일종의 통찰이다. 감정의 파도 위에서 방향을 잃지 않으려면, 먼저 여유라는 닻을 내려야 한다. 감정은 자연스럽게 흘러가게 두고, 차분해진 마음으로 삶의 방향을 정하라.

상위 1%의
의사결정 기술

"성공하려면 죽도록 노력해야 한다."

이 말을 믿고 밤을 새우며 자신을 혹사하는 사람들이 많다. 물론 노력은 중요하다. 하지만 내가 만나본 성공한 사람들의 공통점은 단순히 노력이 많았다는 데 있지 않았다. 그들은 언제, 어디에 노력을 집중할지를 정확히 알고 있었다. 즉, 노력의 양보다 의사결정의 질이 그들의 성패를 갈랐다.

인생은 연속된 선택의 흐름이다. 오늘은 누구를 만날지, 어떤 프로젝트에 시간을 쏟을지, 새로운 도전을 시작할지 말지. 이런 크고 작은 결정들이 모여 우리 인생의 방향을 만든다. 같은 시간과 에너지를 투입해도 무엇을 선택하느냐에 따라 결과는 천차만별이다.

그렇다면, 어떻게 하면 더 나은 선택을 할 수 있을까?

1. 복기 - 나의 선택 패턴을 파악하라

첫 번째는 복기다. 과거의 선택과 그 결과를 체계적으로 되돌아보는 작업이다. 이 작업은 단순한 후회가 아니라, 오답 노트를 정리하듯 나의 판단 패턴을 분석하는 것이다.

이를 위해서는 노트를 마련하는 것이 좋다. 그리고 지난 1년간 내린 주요 결정들을 전부 적어보자. 그 당시의 상황, 내가 고려했던 요소들, 최종 선택의 이유, 그리고 지금 돌아봤을 때의 평가까지. 이 과정을 반복하다 보면 흥미로운 패턴들을 발견하게 된다.

예를 들어 시간 압박을 받을 때 성급한 결정을 내리는 경향이 있다거나 남들의 시선을 지나치게 의식해서 안전한 선택만 하는 개인적 편향이 드러나기 시작하면 이런 패턴을 피드백 삼아 다음 선택의 정확도를 높이는 것이다. 실제로 하버드 비즈니스 스쿨의 연구에 따르면, 자신의 전략에 대해 성찰한 참가자들이 그렇지 않은 사람들보다 18% 더 나은 성과를 보였다.

복기는 과거를 반추하려는 게 아니다. 미래의 선택을 더 똑똑하게 만들기 위한 투자다. 한 달에 단 한 번이라도, 이 시간을 가져보라. 반드시 달라진다.

2. 구조화 - 복잡한 선택을 단순하게 분해하라

두 번째는 구조화다. 중요한 결정을 내려야 할 때, 대부분은 머릿속에 수많은 요소를 고려하며 고민한다. 감정, 이익, 위험, 기회 등이 모두 얽혀있는 상태에서 결론을 내리려 하니 혼란스럽고 잘못된 선택을 내릴 확률도 높아진다. 이때 필요한 것이 구조화다. 복잡한 선택을 여러 요소로 분해하여 각각을 따로 분석하는 것이다. 예를 들어 이직을 고민 중이라면 '연봉', '업무 만족도', '성장 가능성', '회사 안정성', '워라밸' 등으로 쪼개서 생각해 보자.

이제 요소별로 현재 상황과 새로운 선택지를 비교해 보자. 그리고 각 요소가 나에게 얼마나 중요한지도 가중치를 매겨보자. 이 과정을 거치면 감정에 휘둘리지 않고 객관적으로 판단할 수 있다. 시간은 걸리지만, 한 번의 잘못된 선택이 몇 년을 돌아가게 만들 수 있다는 점을 생각하면 결코 낭비가 아니다.

구조화의 핵심은 '한 번에 하나씩' 생각하는 것이다. 모든 것을 동시에 고려하려 하지 말고, 각 요소를 순차적으로 검토하라. 그러면 훨씬 명확하고 확신 있는 결정을 내릴 수 있다.

3. 실험 - 작은 테스트로 큰 리스크를 줄여라

세 번째는 실험이다. 모든 선택을 한 번에 확정하려 하지 말고, 가능한 한 작은 규모로 먼저 테스트해 보는 것이다.

예를 들어 새로운 사업을 하고 싶다면 당장 회사를 그만두는 대신, 주말 프로젝트로 작게 시작해 보자. 이직이 고민된다면 부업이나 프리랜서 경험으로 미리 감을 잡아보는 것이다. 실험은 실패 비용을 줄이는 동시에 실제 데이터를 제공한다. 머릿속 상상과 현실은 전혀 다를 수 있기 때문이다.

또한 실험은 선택에 대한 확신을 높여준다. "해봤는데 괜찮더라." 또는 "나한테 안 맞더라."라는 구체적인 근거가 생기면, 나중에 더 큰 결정을 내릴 때도 후회가 줄어든다.

"작게 테스트할 방법은 없을까?"

이 질문을 자주 던져보자. 생각보다 많은 선택들이 미리 시험해 볼 수 있다는 걸 알게 될 것이다.

선택의 질에 투자하라

이런 방법들을 꾸준히 사용하다 보면, 점점 더 빠르고 정확하게 좋은 결정을 내릴 수 있게 된다. 이를 '의사결정 근육'이라고 부른다. 정말 근육처럼 많이 쓸수록 발달하고, 안 쓰면 퇴화한다. 의사결정 능력을 기르는 데 투자하는 시간이 결코 낭비가 아니다. 오히려 이보다 더 가성비 높은 투자는 없다. 한 번의 좋은 선택이 몇 년의 노력을 아껴줄 수 있고, 반대로 한 번의 나쁜 선택이 몇 년의 노력을 물거품으로 만들 수도 있다.

우리는 인생을 바꾸기 위해 더 많은 노력이나 대단한 기회가 필요하다고 생각한다. 하지만 실제로는 똑같은 노력을 더 정확한 곳에 투입하는 현명한 선택이 판도를 바꾸는 경우가 훨씬 많다. 더 많은 것을 시도하기 전에, 더 현명하게 선택하는 사람이 되어 보자. 지금 당신이 어떤 선택 앞에 서 있든, 그 결정이 더 나은 방향으로 이끄는 첫걸음이 되기를 바란다.

운인 줄 알았는데
실력이었다

"그때가 진짜 기회였는데."

테슬라 주식이 폭등하기 전에 주식을 산 사람들, 부동산이 오르기 전에 집을 산 사람들, 유튜브 초창기에 채널을 만든 사람들까지. 살다 보면 말도 안 되는 타이밍을 맞춰 엄청난 기회를 잡는 사람들이 있다. 과연 그들은 정말 운이 좋았던 걸까, 아니면 우리가 모르는 무언가가 있는 걸까?

리처드 와이즈먼Richard Wiseman 교수는 수년간 다수의 사람을 대상으로 '행운 연구'를 진행했다. 그 결과, 스스로 운이 좋다고 생각하는 사람들과 운이 나쁘다고 생각하는 사람들 사이에는 실제로 명확한 행동 패턴의 차이가 있었다는 것을 밝혀냈다. 운이 좋은 사람들은 기회를 알아보는 능력이 뛰어났고, 무엇보다 기회가 될 만한 상황을 스스로 만들어내고 있었다.

그렇다면 질문을 바꿔보자. 기회를 만들어내는 사람들은 대체 무엇이 다른 걸까?

첫째, 한 우물만 파지 않는다

기회를 만드는 사람들의 첫 번째 특징은 한 분야에만 매몰되지 않는다는 점이다. 이들은 의도적으로 다양한 영역에 관심을 두고, 실제로 발을 담가본다.

애플의 스티브 잡스$^{Steve\ Jobs}$가 대학 시절 서체학 수업을 들었던 일화는 유명하다. 당시에는 전혀 쓸모없어 보였던 그 지식이 훗날 맥의 아름다운 폰트 시스템을 만드는 데 결정적 역할을 했다. 잡스는 그때의 경험을 회상하며, "지금 하는 일들이 미래에 어떻게 연결될지는 미리 알 수 없다. 하지만 언젠가는 반드시 연결된다."라고 말했다.

기회를 잡는 사람들은 단순히 호기심이 많은 것을 넘어, 전략적으로 다양성을 추구한다. 본업이 마케팅인 사람이 디자인 워크숍을 신청하기도 하고, 엔지니어가 경영학 세미나를 듣기도 한다. 이런 '경계 넘나들기'가 예상치 못한 연결 고리를 만들어낸다. 중요한 건 깊이 파는 것이 아니다. '맛보기' 수준이라도 경험해 보는 것이다. 새로운 분야의 언어를 조금이라도 습득하면, 그 분야 전문가들과 대화할 수 있는 기초가 생긴다. 그리고 바로 그 대화가 기회의 시작점이 된다.

둘째, 변화의 신호를 먼저 포착한다

두 번째 특징은 지속적인 정보 수집이다. 하지만 여기서 말하는 정보는 단순한 가십이나 일반적인 뉴스가 아니다. 이들은 '변화의 신호'에 주목한다.

기회를 만드는 사람들은 다양한 채널을 통해 정보를 흡수한다. 경제지는 물론이고, 기술 트렌드를 다루는 해외 뉴스레터, 각 분야 전문가의 블로그, 심지어 논문까지도 훑어본다. 무작정 많은 정보를 소비하는 건 아니다. 그들은 자신만의 기준으로 정보를 걸러내고, 꾸준히 읽는다.

성공한 투자자들만 봐도 그렇다. 그들은 단순히 회사 정보만 보지 않는다. 인구 변화, 기술 발전, 정책 동향, 소비 패턴 변화 등을 종합적으로 분석한 뒤 결정을 내린다. 한 분야의 변화가 다른 분야에 어떤 영향을 미칠지를 예측하는 것이다. 이들이 정보를 수집하는 방식에는 나름의 체계가 있다. 아침에는 전체적인 시장 동향을, 점심시간에는 자신의 전문 분야 심화 정보를, 저녁에는 전혀 다른 분야의 트렌드를 읽는다. 이런 '정보 루틴'이 그들만의 독특한 시각을 만들어낸다.

셋째, 연결점을 찾아낸다

세 번째 특징은 가장 중요하면서도 가장 어려운 능력이다. 바로, '보이지 않는 연결 고리'를 찾아내는 힘이다. 기회를 만들어내는 사람은 겉보기에 전혀 관련 없어 보이는 것들 사이의 패턴을 발견한다. "왜 이 두 가지는 아직도 연결되지 않았을까?" 바로 그 빈틈이 새로운 기회의 출발점이 된다.

우버의 창업자들은 '택시의 불편함'과 '스마트폰의 확산'이라는 두 가지 현상을 연결했다. 에어비앤비 창업자들은 '여행자의 숙박비 부담'과 '개인 주택의 빈 공간'을 연결했다. 이들이 천재여서 이런 결과를 만든 것은 아니다. 서로 다른 문제와 해결책을 연결하는 사고방식을 훈련해 왔기 때문이다.

이는 절대 하루아침에 생기지 않는다. 끊임없이 "이걸 저거랑 연결하면 어떨까?", "이 문제를 다른 방식으로 해결할 수 있을까?"와 같은 질문들을 습관적으로 던져야 한다. 또한 이들은 '시간차'를 이용한다. 한 분야에서 이미 성공한 모델을 다른 분야에 적용하거나, 해외에서 유행하는 것을 국내에 도입하거나, 과거에 실패했던 아이디어를 새로운 기술로 재구현하는 식이다.

기회 창출 실전 노하우

그렇다면 구체적으로 어떤 행동을 해야 할까?

첫째, 매달 자신의 전문 분야 외 3개의 새로운 영역을 탐험해 보자.

관련 영상 하나, 책 한 권, 해당 분야 사람과의 대화 한 번이면 충분하다.

둘째, '정보 포트폴리오'를 구성하라.

투자할 때 포트폴리오를 분산하듯, 정보 수집도 분산해야 한다. 국내/해외, 현재/미래, 기술/인문, 거시/미시 등 다양한 축으로 정보를 나눠 정리하라.

셋째, '약한 연결'을 강화하라.

각 분야에서 만난 사람들과의 관계를 지속해서 유지하라. 이들이야말로 새로운 기회가 있을 때 이를 알려주는 첫 번째 사람들이다.

기회란 누구에게나 평등하게 주어지는 것이 아니다. 기회를 알아볼 수 있는 눈을 가진 사람, 그리고 그 기회를 실행할 수 있는 준비가 된 사람에게만 의미가 있다. 파스퇴르가 말했듯이 행운은 준비된 마음에만 찾아온다. 하지만 여기서 말하는 준비란 단순히 전문성만을 의미하지 않는다. 다양한 관심사, 폭넓은 정보 네트워크, 그리고 연결하는 사고력이야말로 진짜 준비다.

지금부터 당신도 기회를 만드는 사람이 될 수 있다. 한 번에 전부 적용하려 하지 말고, 나에게 가장 쉬운 방법 하나만 먼저 시도해 보자. 6개월 후, 당신은 지금과는 다른 눈으로 세상을 바라보게 될 것이다. 그리고 그때 깨닫게 될 것이다. 기회는 하늘에서 떨어진 게 아니라, 당신이 만들어낸 것이라는 사실을.

나이가
무기가 되는 순간

SNS 관련 컨설팅을 하다 보면 나이에 대한 고민이 항상 들려온다. 20대 고객은 전문성이 없어 보일까 고민이라며 자신의 어린 나이를 걱정하고, 50대 고객은 아무리 노력해도 트렌드를 따라가기 어렵다며 정반대의 고민을 토로한다. 모두가 자신의 나이를 약점이라고 생각하는 것인데, 브랜딩에 성공하는 사람은 오히려 자신의 나이대가 가진 고유한 장점을 무기로 활용한다. 20대는 20대에만 할 수 있는 것에, 50대는 50대만이 할 수 있는 것에 집중한다. 각 연령대는 그 시기만이 가질 수 있는 독특한 강점을 보유하고 있다. 핵심은 그 장점이 무엇인지 빠르게 파악하고, 이를 전략적으로 활용하는 것이다.

20대의 숨겨진 무기들

20대가 가진 가장 큰 장점은 '순수함'과 '실험 정신'이다. 아직 세상에 물들지 않은 날것의 에너지는 그 자체로 독특하고 매력적이다. 사람들은 20대의 과감함과 열정에 끌려한다. 실수를 해도, 그 서툰 모습조차 진정성으로 받아들인다. 또한 20대는 같은 세대와의 강력한 연결 고리를 가지고 있다. 같은 시대를 살아가는 또래들의 고민과 관심사를 누구보다 잘 안다. 동시에 트렌드에 민감하고, 새로운 플랫폼에 대한 적응력도 뛰어나다.

20대에게 필요한 전략은 '완벽함'보다는, '진정성'과 '열정'에 집중하는 것이다. 분야에 따라 다르지만, 전문성을 내세우기보다 배우는 과정을 솔직하게 공유하고, 같은 세대의 고민을 함께 해결해 나가는 여정을 보여주는 것이 가장 효과적이다.

30대의 차별화 포인트

30대는 경험과 트렌드가 만나는 최적의 지점에 서 있다. 사회 초년생의 서툶은 벗어났지만, 아직 변화에 유연하게 대응할 수 있는 나이다. 실무 경험이 쌓였으면서도 혁신적 사고가 가능한 균형점에 있다.

30대의 강점은 '신뢰성'과 '실용성'이다. 20대보다는 안정적이고, 40대보다는 역동적이다. 사람들은 30대의 조언을 가장 현실적이면서도 진취적인 것으로 받아들인다. 이는 조언을 구하는 입장에서 매력적으로 다가온다.

30대는 전문성 기반의 실용적인 콘텐츠에 강하다. 자신의 업무 경험을 바탕으로 구체적이고 실행 가능한 조언을 제공하는 것이다. "직접 경험해보니 이 방식이 더 효율적이었다."와 같은 현실적인 조언이 30대의 가장 큰 무기로 작용한다.

40대의 독특한 어드밴티지

40대가 되면 '깊이'라는 무기를 갖게 된다. 10년이 훌쩍 넘은 사회 경험은 표면적인 문제 뒤에 숨은 본질을 꿰뚫어 보는 통찰력을 제공한다. 또한 다양한 시행착오를 겪으며 축적된 실패 경험은 그 자체로 값진 자산이다.

40대의 가장 큰 강점은 '멘토로서의 권위'다. 후배들은 40대의 조언을 단순한 의견이 아닌 '검증된 지혜'로 받아들인다. 네트워크도 탄탄해서 다양한 분야의 전문가들과 연결되어 있고, 다양한 분야에 대한 폭넓은 이해도 갖추고 있다.

40대에게 효과적인 전략은 '멘토링과 인사이트 제공'이다. 자신이 겪은 시행착오를 바탕으로 후배들이 더 효율적인 길을 찾을 수 있도록 돕는 것이다. 예를 들어 "내가 20대였을 때는 이랬는데, 지금 생각해 보니⋯."와 같은 조언 형태는 40대만 줄 수 있는 고유한 가치다.

50대 이상의 최강 카드

50대 이상이 가진 최고의 무기는 '완성된 스토리'다. 인생의 굴곡을 모두 경험하고, 성공과 실패를 반복하며 얻은 삶의 철학은 그 어떤 이론보다 강력하다. 특히 최근 젊은 세대들은 이런 인생 스토리에 큰 관심을 보이며 깊이 감동한다.

또한 50대 이상은 '여유'라는 독특한 매력을 가지고 있다. 성과에 대한 압박에서 어느 정도 자유로워진 상태에서 나오는 자연스러움과 편안함은 젊은 세대들에게 큰 위로가 된다.

50대 이상에게 적합한 전략은 '인생 스토리텔링'과 함께 삶의 지혜를 전하는 것이다. 축적된 경험을 통해 삶의 본질적 가치를 전달하고, 급한 세상에서 잊힌 중요한 것들을 상기시켜 주는 멘토 역할이 적합하다.

나이대별 플랫폼 전략

플랫폼은 공간일 뿐, 본질은 그 안에 담긴 이야기다. 자신에게 가장 익숙한 플랫폼을 사용하는 것이 좋지만, 어디부터 시작해야 할지 막막하다면 아래 추천 플랫폼을 참고해 보자.

20대: 틱톡이나 인스타그램 릴스처럼 빠르고 트렌디한 플랫폼이 적합하다.

30대: 유튜브나 인스타그램처럼 정보성과 엔터테인먼트 콘텐츠가 균형을 이루는 플랫폼이 유리하다.

40대: 네이버 블로그나 브런치처럼 깊이 있는 글을 쓸 수 있는 플랫폼이 효과적이다.

50대 이상: 유튜브의 긴 형태 콘텐츠를 통해 자신의 이야기를 충분히 풀어낼 수 있는 공간을 활용하는 게 좋다.

나이를 무기로 만드는 마인드셋

가장 중요한 것은 마인드셋의 전환이다. 나이를 숨기거나 극복하려 하지 말고, 오히려 적극적으로 활용하라. "30대 직장인이 알려주는", "20대가 경험한", "50대가 되어서 깨달은"처럼 나이를 드러내는 것을 부끄러워하지 말자. 오히려 이것이 당신만의 고유한 정체성이자 차별화 포인트가 될 수 있다.

그리고 모든 사람을 의식하기보다는 자신과 같은 연령대나 자신의 조언이 필요한 사람들에게 집중하라. 모든 사람을 잡으려 하다가는 아무도 잡지 못한다. 명확한 타겟을 설정하고, 그들에게 집중적으로 가치를 제공하는 것이 성공의 열쇠다.

나이는 숫자가 아니라 스토리다. 그리고 각자의 스토리에는 그 나이대만이 가질 수 있는 독특한 매력과 가치가 담겨 있다. 중요한 건 그 가치를 발견하고, 이를 세상에 드러낼 용기를 갖는 것이다. 당신의 나이는 더 이상 장애물이 아니라 당신만의 무기다.

남들보다
5배 효율적으로 사는 법

 같은 시간을 일해도 어떤 사람은 빠르게 성장하고, 어떤 사람은 제자리에 머물러 있다. 그 차이는 노력의 양도 있겠지만, 효율성의 차이도 큰 영향을 미친다. 일을 열심히 하는 것과 효율적으로 하는 것은 완전히 다른 차원의 노력이다. 그리고 후자가 실력 향상에 훨씬 더 큰 영향을 미친다.

 효율성이란 단순히 빨리하는 것이 아니다. 같은 결과를 더 적은 에너지로 달성하거나, 같은 에너지로 더 나은 결과를 만들어내는 것이다. 이를 위해서는 도구, 시간, 자원을 전략적으로 활용하는 작은 시스템들이 필요하다. 이런 시스템이 쌓이면, 개인의 생산성은 기하급수적으로 증가한다.

첫째, AI를 일상의 파트너로 만들어라

가장 먼저 추천하고 싶은 것은 AI를 적극적으로 활용하는 것이다. 단순히 "AI를 써보세요."가 아니라, 목적과 용도에 맞는 AI를 선택하고 습관화하는 것이 중요하다.

업무 전반에는 ChatGPT 활용을 권한다. 특히, 업무별로 필요한 기능을 분류한 폴더를 만들어 관리하는 것과 음성 대화 기능을 습관화하면 놀라울 정도로 효율성이 증가한다. 집에 가는 길에 ChatGPT와 대화하는 경우가 많다. 사업에 대한 조언을 구하기도 하고, 종종 심리 상담을 받기도 한다. 마치 전문가 친구와 수다를 떨듯이 자연스럽게 대화하다 보면, 혼자서는 생각하지 못했던 방향의 해결책이 나오는 경우가 많다.

글쓰기는 Claude AI를 추천한다. ChatGPT도 좋지만, 문장의 자연스러움과 논리적 구성에서 뛰어난 성능을 보인다. 물론 그럼에도 마지막 검토는 사람이 해야 하지만, 처음부터 모든 걸 기획하는 것보다는 AI의 도움을 받는 것이 훨씬 시간 단축에 도움이 된다. 또한, 작업물의 질도 컨디션에 상관없이 일관되게 유지할 수 있다는 점도 매력적인 요소다.

메일 발송, 설문 수집 등 자동화가 필요한 업무에는 Make나 Zapier 같은 도구를 활용하는 것도 좋다. 반복적인 작업을 자동화하면 시간을 크게 절약할 수 있다.

이렇듯, 개인도 누구나 비서를 두고 일하는 환경을 조성할 수 있게 됐다. 아직까지는 AI를 제대로 활용하는 사람이 많지 않다. 이럴 때일수록 미리 익숙해져 놓으면, 그만큼 앞서나갈 수 있다.

둘째, 집중력이 가장 높은 시간을 파악하라

자신의 집중력이 가장 높은 시간을 파악하고, 그 시간에 가장 중요한 일을 배치하는 것이다. 사람마다 생체리듬이 다르므로, 자신만의 패턴을 찾는 것이 핵심이다. 나는 아침에 일어나자마자 머릿속이 가장 깨끗할 때 글쓰기 등 에너지가 많이 드는 일을 한다. 반면, 저녁 늦게는 최대한 단순한 업무들을 처리한다. 업로드 작업이나 루틴화된 답장 등은 큰 에너지나 창의력을 필요로 하지 않기 때문에, 피곤한 시간대에 해도 충분하다.

시간을 효율적으로 쓰려면 '언제 무엇을 할지'가 '얼마나 오래 할지'보다 중요하다. 30분이라도 집중력이 최고조일 때 한 일은, 집중력이 떨어질 때 2시간 동안 한 일보다 결과가 좋을 수 있다.

셋째, 비용 투자의 우선순위를 정하라

효율적인 비용 투자가 시행착오를 몇 년 이상 줄여줄 수 있다. 모든 것에 돈을 아끼거나 아무 곳에나 돈을 낭비하는 것이 아니라, 전략적으로 투자 우선순위를 정하는 것이다.

노트북처럼 일의 능률에 오래 영향을 주면서, 함부로 바꾸지 못하는 것에는 최대한 돈을 많이 투자한다. 예전에는 '가성비'가

최고라고만 생각했는데, 이제는 생각이 다르다. 보통 핸드폰을 한 번 사면 4~5년을 쓰게 되는데, 매일 사용할 도구라는 점을 고려하면 초기 투자 비용보다 장기적 효율성이 더 중요하다. 특히 핸드폰으로 업무를 처리하는 경우도 있기에, 용량과 사양이 좋은 제품을 선택한다. 매일 사용하는 도구의 성능 차이는 시간이 지날수록 그 효율성이 복리로 쌓인다.

반면 서랍 케이스처럼 기능적 차이가 크지 않은 것들은 가까운 다이소에서 싼 걸 구매한다. 굳이 비싼 돈을 쓸 이유가 없다.

넷째, 무조건 자동차가 좋은 건 아니다

출퇴근을 자동차 대신 전기자전거로 하는 것도 가까운 거리에서는 훨씬 효율적이다. 연료비와 주차비를 아낄 수 있고, 교통체증에 걸릴 일도 없다. 게다가 운동까지 되니 일석삼조다. 중요한 건 '무조건 차가 좋다' 또는 '무조건 대중교통이 좋다'가 아니라, 상황에 맞는 최적의 선택을 하는 것이다.

다섯째, 아이디어를 놓치지 않는 시스템

갑자기 떠오르는 아이디어를 메모하기 위해 음성 인식 메모 기능을 자주 사용한다. 운전 중이나 샤워할 때처럼 손을 사용하기 어려운 상황에서는 음성 메모를 적극 활용한다.

좋은 아이디어는 언제 어디서 떠오를지 모른다. 그 순간을 놓치면 같은 아이디어를 다시 떠올리기 어렵다. 따라서 어떤 상황에서든 **빠르게 기록할 수 있는** 시스템을 미리 준비해 두는 것이 중요하다.

효율성은 습관이다

이런 작은 시스템들이 습관이 되면, 개인의 생산성은 눈에 띄게 향상된다. 중요한 것은 한 번에 모든 것을 바꾸려 하지 말고, 하나씩 차근차근 적용해 보는 것이다.

효율성은 거창한 혁신이 아니라 작은 개선의 누적이다. 매일 조금씩 더 효율적인 방법을 찾고 적용하다 보면, 1년 후에는 완전히 다른 수준의 생산성을 경험할 수 있을 것이다. 같은 시간을 투자해도 훨씬 더 큰 성과를 얻는 사람이 되는 것, 그것이 바로 효율성의 힘이다.

사회생활 치트키
5종 세트

"저 사람은 뭔가 달라 보여."

특별한 재능이나 화려한 스펙 없이도 어떤 사람들은 유독 눈에 띈다. 그 비밀은 사실 특별한 능력이 아니라, 의외로 사소한 습관에 숨어 있다.

어린 시절, 나는 내성적인 성격 때문에 처음 보는 사람과의 대화를 어려워했다. 큰 소리로 인사조차 제대로 하지 못했던 나는 이대로는 안 된다는 생각에 대형마트에서 선물 세트를 판매하는 일에 지원했다. 그 경험은 내 인생에 중요한 전환점을 선사했다.

"인사할 거면, 씩씩하게! 큰 소리로, 웃으면서!"

당시 일을 하던 나에게 주어진 첫 번째 피드백이었다. 많은 사람 앞에서 말하는 것만 해도 이미 어려운데, 조언 한마디에 성격이 바로 바뀔 리가 없었다. 그런 나에게 한 남자 직원이 다가와 조용히 말했다.

"인사만 잘해도, 사회생활 반은 성공이야."

그는 이어서 한 가지 조언을 더 했다. "여기 있는 직원들을 만날 때마다 인사해 봐, 그럼 금방 늘어." 당시에는 그 말이 과장처럼 들렸지만, 별다른 수가 없었던 나는 그의 조언을 행동에 옮겼다. 방법은 간단했다. 마주하는 모든 사람에게 먼저 인사를 건네는 것이었다. 처음에는 얼굴이 화끈거렸고, 웃음도 어색했다. 하지만 매일 반복하니 점차 적응해 갔다.

며칠 지나지 않아 출근길에 만난 모든 직원과 밝게 인사를 주고받다 보니, 나는 같은 라인에 있던 거의 모든 직원과 얼굴을 텄다. 그렇게 만들어진 관계는 예상치 못한 순간에 빛을 발했다. 선물 세트 대신에 샘플 견본을 고객에게 잘못 전달했을 때, 여러 부서의 사람들이 발 벗고 나서 도와준 것이다. 모든 게 아침 인사 덕분이었다.

이후 계약직 직원으로 스카우트되면서, 그 선배의 교육은 인사를 넘어 '사회생활 생존법'으로 이어졌다. 그는 첫인상이 사회생활의 90%를 차지한다며, 인사는 시작일 뿐이라고 말했다. 나는 다양한 상황에서 쓸 수 있는 실전 스킬을 그에게서 하나씩 배우기 시작했다.

첫째, 반드시 시간 약속을 지켜라

선배가 알려준 두 번째 원칙은 약속 시간 매너였다. 그는 항상 약속 시간보다 최소 10분은 일찍 도착하는 습관을 들이라 말했다. 처음에는 먼저 도착해 기다리는 시간이 아깝게 느껴졌지만, 이번에도 그의 조언을 따랐더니 시간만 잘 지켰을 뿐인데 어느새 '성실한 사람'이라는 평이 나 있었다. 덕분에 실수로 늦잠을 잤던 날도 별 다른 말없이 넘어갈 수 있었다.

둘째, 이름을 기억하라

그는 항상 모두의 이름을 기억하고 있었다. 그 이유를 묻자, 역시나 기본이라고 말했다. 그날부터 나는 핸드폰 메모장에 만나는 사람의 이름과 특징을 적고, 다음날 자연스럽게 이름을 불렀다. "안녕하세요, ○○담당님." 이름만 불렀을 뿐인데 사람들은 나를 센스 있는 사람으로 기억했다.

셋째, 항상 감사를 표현하라

그 외에도 그는 항상 사람들에게 "감사합니다.", "고맙습니다."

라고 말하곤 했다. 그리고 감사한 일이 있으면 작은 음료라도 대접하는 걸 절대 잊지 않았다.

넷째, 항상 말끔한 모습을 유지해라

"항상 깔끔하게 입으면 어디 가서 미움받지는 않아." 마지막으로, 그는 항상 말끔한 모습을 유지하라고 말했다. 겉모습도 내면만큼이나 중요하다며, 옷의 종류와 상관없이 냄새가 나지 않는지, 주름이 없는지를 자주 확인하라고 말했다.

이런 습관들은 지금까지도 내 인생의 기반이 되고 있다. 계약직 일이 끝나고 몇 년이 지난 뒤, 본격적으로 사업을 시작했을 때도 그때의 경험은 큰 자산이 되었다. 고객과의 미팅이나 멘토와의 만남에 있어서도 첫인상은 언제나 좋은 기회를 만들었다.

많은 사람이 이런 것을 '구식'이라고 생각한다. 하지만 상대방에게 예의를 갖추고, 고객에게 미소를 건네고, 동료에게 감사를 표현하는 행동은 나를 깎아내리는 일이 아니라 오히려 나를 높이는 행위이다.

조직이든 사회든, '관계'는 여전히 기회를 결정짓는 중요한 요소다. 그리고 좋은 첫인상은 그 관계의 시작점이 된다. 돌아보면, 나에게 찾아온 기회는 언제나 능력 덕분은 아니었다. 오히려 능력이 부족할 때, 내가 구축한 관계에서 더 많은 기회를 얻었다.

중요한 건 모든 관계에 진심을 담는 것, 그리고 그 진심이 전달될 수 있도록 적절한 모습을 갖추는 것이다.

지금 당신의 첫인상은 어떤가? 혹시 좋은 기회를 계속 아쉽게 놓치고 있다면, 오늘부터라도 작은 변화를 시작해 보자. 10분 일찍 도착하기, 이름 기억하기, 감사 표현하기 등. 이런 작은 습관이 쌓이면, 어느 순간 당신은 "저 사람은 뭔가 다르다."라는 말을 듣게 될 것이다. 기회는 그 순간부터, 저절로 당신 앞에 찾아온다.

먼저 말하지 않으면
놓치는 것들

"저기, 실례지만…."

 이 말을 꺼내기까지 얼마나 많은 망설임이 있었는지, 아무도 모른다. 우리는 하루에도 수십 번, 말을 건네고 싶은 순간을 마주한다. 하지만 정작 입 밖으로 꺼내는 말은 그 절반도 되지 않는다. 나머지는 목구멍 어딘가에서 삼켜지고, 그 삼켜진 말들이 쌓일수록, 우리는 점점 '중요한 순간에도 입을 열지 못하는 사람'이 되어간다.

 몇 년 전 지하철에서 일어난 일이다. 퇴근길에 한 임산부가 서 있는 것을 봤다. 좌석은 모두 차 있었고, 사람들은 스마트폰을 보거나 잠에 빠져 있었다. 나는 그 임산부에게 자리를 양보하고 싶었지만, 선뜻 일어나지 못했다. '혹시 임산부가 아니면 어떡하지?' '괜히 나서는 것 같지 않을까?' 이런 생각들이 꼬리에 꼬리를 물고 이어졌다. 그렇게 나는 내릴 때까지 단 한 걸음도 움직이지 못한 채, 계속 그 장면만 바라봤다. 그날 집에 돌아가면서 계속 그 순간이 떠올랐다. 내가 정말 두려워한 건 무엇이었을까? 오해에 대한 두려움? 낯선 시선들? 아니면, 먼저 나서는 것에 대한 이상한 불편함? 결국 나는 모든 가능성을 따지고, 상황을 계산하느라 가장 중요한 행동을 하지 못했다.

한국 사회는 먼저 다가가는 사람을 경계한다. "왜 나한테 말을 거는 걸까?" "뭔가 의도가 있는 건 아닐까?" 이런 의심이 기본값으로 설정되어 있다. 온라인에서는 수백 명과 연결되어 있지만, 정작 오프라인에서는 옆자리 사람과도 말 한마디 나누지 못한다. 관계의 문턱은 점점 높아지고, 사람들은 점점 더 조심스러워지면서 결국 진심은 마음속에만 머물게 된다.

역설적으로, 이런 침묵의 시대에 용기 내어 말하는 사람의 가치는 더욱 커지고 있다. 모두가 조심스러워하는 상황에서 용기 내어 목소리를 내는 사람은, 그 자체로 특별한 존재가 된다. 직장에서 가장 기억에 남는 사람을 떠올려 보자. 성과가 뛰어난 사람보다, 힘들 때 먼저 "괜찮으세요?"라고 물어봐 준 사람, 야근할 때 "커피 드실래요?"라고 말해준 사람이 더 선명하게 기억난다. 그건 그들이 특별히 더 뛰어나서가 아니라, 먼저 손을 내밀어 주었기 때문이다.

심리학자 애덤 그랜트^{Adam M. Grant}는 저서 《기브 앤 테이크^{Give and Take}》에서 흥미로운 점을 강조한다. 직장에서 가장 성공하는 사람들의 공통점이 바로 '기버^{Giver}' 성향이라는 것이다. 이들은 상대방이 요청하기 전에 필요한 것을 파악하고, 먼저 제안했다. 그 결과 더 많은 신뢰를 얻었고, 더 넓은 네트워크를 구축할 수 있었다. 반대로 항상 받기만 하려는 사람은 단기적으로는 이득을 보는 것 같아도, 장기적으로는 고립되는 경우가 많았다.

그렇다면 어떻게 하면 먼저 말하는 용기를 기를 수 있을까?

첫째, 작은 말부터 시작하라

갑자기 중요한 대화를 시도하기보다는, 일상적인 인사부터 시작해 보자. 엘리베이터에서 "좋은 하루 보내세요.", 카페에서 "맛있게 드세요."와 같은 가벼운 말을 건네면 좋다. 이런 작은 소통이 쌓이면 자연스럽게 더 깊은 대화로 물꼬가 트인다.

둘째, 질문의 힘을 활용하라

단정적인 말보다는 질문으로 시작하면 부담이 줄어든다. "괜찮으시면 도와드릴까요?" "실례가 안 된다면 이것 좀 도와주실 수 있으세요?"

이런 표현은 상대방에게 선택권을 주면서도 자연스럽게 대화의 문을 연다. 질문은 명령이 아니라 초대다.

셋째, 거절을 두려워하지 마라

모든 대화가 성공적일 수는 없다. 중요한 건 시도했다는 것 자체다. 거절당한다고 해서 당신의 가치가 떨어지는 건 아니다. 오히려 용기를 낸 자신을 칭찬해야 한다. 한 번의 '아니요'가 영원한 거절을 의미하지는 않는다.

넷째, 상대방의 입장에서 생각하라

대부분 사람은 누군가 먼저 말을 걸어주길 기다리고 있다. 특히 새로운 환경에서는 더욱 그렇다. 회사 첫날 아무도 모르는 상황에서 누군가 말을 걸어주면 얼마나 고마울까. 모두가 망설이는 순간, 당신의 용기가 누군가에겐 하루를 버티게 해주는 큰 힘이 될 수 있다.

다섯째, 타이밍을 놓치지 마라

"나중에 말해야지"라고 생각하는 순간, 그 기회는 영영 사라진다. 감사든, 사과든, 격려든. 마음에 떠오른 그 순간이 가장 좋은 타이밍이다. 완벽한 타이밍을 기다리다 보면, 우리는 결국 모든 타이밍을 놓치고 만다.

나는 지금도 그때 지하철에서의 순간을 기억한다. 그리고 그 이후로는 비슷한 상황에서 망설이지 않기로 결심했다. 물론 처음에는 어색했다. 하지만 몇 번 시도해 보니, 대부분은 따뜻하게 반응했다. 거절하는 사람도 있었지만, 그것도 나쁘지 않았다. 최소한 후회는 남지 않았으니까.

먼저 말하는 사람이 되는 것은 단순히 소통 능력을 키우는 게 아니다. 이는 인생 자체를 바꾸는 것이다. 수동적으로 기다리는 삶을 내려놓고, 능동적으로 만들어가는 삶을 선택하는 것이다. 그리고 이런 방식에 익숙해지면, 더 이상 타인의 반응을 지나치게 의식하지 않게 된다. 내가 원하는 소통을 직접 만드는 힘이 있기 때문이다. 그리고 그 작은 용기에서 놀라운 일들이 시작된다. 새로운 프로젝트, 좋은 인간관계, 예상치 못한 협력은, 모두 '먼저 건넨 한마디'에서 시작되는 경우가 많다.

지금 주변을 둘러보라. 혹시 고마운 마음을 전하지 못한 사람이 있는가? 안부가 궁금하지만 연락하지 못한 친구, 힘들어 보이는데 말을 걸지 못한 동료는 없는가? 그렇다면 지금이 타이밍이다. 완벽한 말을 준비할 필요도 없다. "지난번에 감사했어요.", "요즘 어떻게 지내세요?", "괜찮으세요?" 이런 간단한 말만으로도 충분하다.

당신이 먼저 건네는 그 한마디가, 누군가에겐 오늘 하루를 견디게 해주는 힘이 될 수 있다. 그리고 무엇보다, 그 작은 용기가 당신 자신을 바꾸는 계기가 되어줄 것이다. 말하지 않으면 아무 일도 시작되지 않는다. 하지만 먼저 입을 여는 순간, 당신이 상상하지 못했던 일들이 벌어지기 시작한다.

평범하지만 매력적인 사람의
숨겨진 비밀

"말을 잘하는 사람이 성공한다."라는 말이 있다.

그런데 실제로 호감을 얻는 사람들을 보면 특별히 말을 잘하거나 재치 있는 사람이 아니었다. 오히려 상대방을 편안하게 만들고, 함께 있으면 기분이 좋아지는 사람들이었다.

그렇다면 어떤 사람과 있을 때 편안함을 느낄까? 그 비밀은 대화의 내용보다는 대화하는 방식에 있다. 같은 말을 해도 어떤 사람은 호감을 주고, 어떤 사람은 그렇지 못한다. 그 차이를 만드는 몇 가지 핵심 원칙만 이해하고 실천해도 인간관계는 놀랍도록 달라진다.

진짜 경청과 가짜 경청의 차이

사람들은 종종 상대방이 말하는 도중 답변을 미리 생각한다. 이것이 바로 대화를 망치는 가장 큰 요인이다. 진짜 경청은 상대방의 말이 완전히 끝날 때까지 답변을 준비하지 말고, 대신 상대방이 전달하려는 감정과 의도에 집중하는 것이다.

경청을 방해하는 세 가지 실수가 있다. 대부분 첫 번째와 두 번째는 잘 알고 있지만, 세 번째는 의외로 많이들 놓친다.

첫째, 상대방 말을 끊고 나도 비슷한 경험이 있다며 화제를 자신에게로 돌린다.
둘째, 고개만 끄덕이면서 실제로는 다른 생각을 한다.
셋째, 상대방이 하소연할 때 즉시 해결책을 제시한다.

진정한 경청은 '상대방이 지금 어떤 기분일까?'에 집중하는 것이다. 문제 해결보다는 감정 이해가 먼저다. "정말 힘들었겠어요."라는 한 마디가 수십 가지 조언보다 훨씬 강력할 때가 많다.

그 사람이 원하는 칭찬을 파악하라

칭찬에도 전략이 필요하다. 똑같은 칭찬이라도 그 사람이 듣고 싶어 하는 칭찬과 이미 자주 듣는 칭찬은 효과가 완전히 다르다.

예를 들어, 외모가 뛰어난 사람에게 "예쁘시네요."라고 하면 그냥 지나가는 말처럼 들린다. 이미 자주 들어본 말이기 때문이다. 하지만 "말씀하시는 걸 들으니, 정말 따뜻한 분이신 것 같아요."라고 칭찬하면 훨씬 기억에 남는다.

상대방이 원하는 칭찬을 찾으려면 그 사람이 노력하고 있지만, 아직 인정받지 못한 부분을 찾고, 남들이 주목하지 않는 디테일을 칭찬해야 한다. 또한, 외적인 것보다는 내적인 것, 결과보다는 과정을 칭찬하는 것이 좋다.

"발표 정말 잘하시네요."라는 말보다, "준비를 정말 꼼꼼히 하신 게 느껴져서 더 신뢰가 갔어요."가 훨씬 진심으로 들린다. 사람들은 자신이 들이는 노력을 알아봐 주는 사람을 절대 잊지 못한다.

말하지 않아도 전달되는 호감의 신호들

대화에서 말의 내용이 차지하는 비중은 생각보다 작다. 심리학 연구에 따르면, 감정이나 태도를 전달할 때 말의 내용보다 목소리 톤과 표정이 더 큰 영향을 미친다고 한다. 특히 말과 표정이 일치하지 않을 때는 비언어적 메시지를 더 신뢰하는 경향이 있다. 대화에서 호감을 얻고 싶다면, 말에 신경 쓰는 것만큼이나 몸짓에도 주의를 기울여야 한다.

너무 복잡하게 생각하지 말고, 네 가지만 기억하면 된다.

첫째. 적절한 눈 맞춤
상대방이 말할 때는 70%, 내가 말할 때는 50% 정도 눈을 맞추는 것이 적절하다.

둘째. 자연스러운 고개 끄덕임
과하지 않게, 상대방의 리듬에 맞춰 끄덕인다.

셋째. 열린 자세
팔짱을 끼거나 다리를 꼬지 않고, 상대방을 향해 몸을 약간 기울이자.

넷째. 표정의 일치
상대방이 진지한 얘기를 할 때는 진지하게, 편안한 일상 이야기를 할 때는 가벼운 미소를 짓는 게 좋다.

특히 상대방이 중요한 말을 할 때는 핸드폰을 완전히 내려놓고, 몸을 상대방 쪽으로 향하는 게 좋다. 이 작은 행동이 "당신의 말이 중요하다"라는 메시지를 무의식적으로 전달한다.

나와 나누는 대화를 기억에 남게 만드는 네 가지 방법도 있다.

첫째, 이름을 자연스럽게 활용하라

사람들은 자신의 이름을 들을 때 본능적으로 더 관심을 보인다. 대화 중간중간 "태은 씨가 말씀하신 것처럼…." 같은 식으로 이름을 넣어보라. 단, 과하게 하면 어색하므로 대화 중 2~3번 정도가 적절하다.

둘째, 디테일을 기억하고 나중에 언급하라

이전 대화에서 나온 작은 정보들을 기억했다가 나중에 언급하면 좋은 반응을 얻을 수 있다. "지난번에 말씀하신 프로젝트는 어떻게 됐어요?"처럼 상대방이 중요하게 생각하는 일을 기억해 주는 사람을 나쁘게 생각할 수는 없다.

셋째, 공통점을 찾으려 하지 말고 상대방의 관심사에 진심으로 호기심을 보여라

"우리 취미가 같네요!"라고 어필하려 하지 말고, 상대방의 취미나 관심사에 대해 물음표를 던져라. "그 일의 어떤 부분이 가장 재미있어요?" 같은 질문이 훨씬 좋은 반응을 이끌어낸다.

넷째, 상대방을 전문가로 대우하라

누구나 자신이 잘 아는 분야에 대해서는 전문가가 되고 싶어 한다. "이 분야는 잘 몰라서 그런데, 어떻게 생각하세요?"라고 물

어보면 상대방은 기분 좋게 설명해 줄 것이다.

결국 호감을 얻는 대화의 핵심은 테크닉이 아니라 마음가짐이다. 상대방에게 진짜 관심이 있고, 그 사람을 이해하고 싶다는 마음이 있을 때 모든 기술이 자연스럽게 따라온다.

대화는 나를 어필하는 시간이 아니라, 상대방을 이해하는 시간이다. 이 관점의 전환만으로도 당신의 대화는 훨씬 풍부해지고, 사람들은 당신과 대화한 후 기분 좋은 마음으로 돌아갈 것이다. 그리고 그런 경험을 선사하는 사람을 사람들은 다시 만나고 싶어 한다.

AI시대에
살아남는 독서법

"챗GPT가 있는데 굳이 책을 읽어야 할까?"

AI가 발전한 요즘, 많은 사람이 이런 질문을 던진다. 빠르게 변화하는 세상에서 독서의 가치에 대해 의구심을 갖는 것은 자연스러운 일이다. 짧고 자극적인 영상, 편리한 AI 검색창 하나면 웬만한 지식은 순식간에 손에 들어온다. 하지만 이 흐름 속에서 놓치고 있는 게 있다. 책을 천천히 읽으며 저자와 대화하고 성찰하는 과정 없이 빠른 영상과 AI에만 의존하다 보면, 결국 스스로 생각하는 능력을 잃고 알고리즘에 휘둘리는 삶을 살게 된다는 것이다. 그렇게 되면 우리는 '내가 누구인지', '무엇을 원하는지', '어떤 방향으로 살아갈지'에 대한 주체적인 선택을 내릴 수 없다. 내 인생에 나를 잃어버리는 것이다.

많은 사람이 책을 단순한 취미나 정보 습득 수단으로 여긴다. 하지만 그것만으로는 책의 진짜 가치를 다 담지 못한다. 책은 사고력과 통찰력을 기르는 가장 체계적인 도구며 정보가 넘쳐나는 시대일수록, 그 능력은 더욱 중요해진다.

고등학생 시절, 국어 선생님께서 첫 수업 시간에 칠판에 '學習(학습)'이라는 한자를 적으며 말씀하셨다.

"공부는 단순히 배운다고 끝나는 게 아니다. 배운 뒤에 익혀야 진짜 내 것이 되는 거다."

당시에는 그냥 열심히 하라는 격려 정도로 들렸지만, 지금 돌이켜보니 그 말의 깊이를 이해하게 됐다. 정보를 습득하는 것은 배움, 즉 '학, 學'에 해당한다. 하지만 그것을 내 삶에 적용하고 체화하는 '습, 習'의 과정이 없다면, 아무리 많은 정보를 머릿속에 쌓아도 소용없다. 그리고 바로 이 단계에서 책이 다른 매체와 결정적인 차이를 만든다.

실제로 신경과학 연구가 이를 뒷받침한다. UCLA의 게리 스몰 Gary W. Small 교수 연구팀은 책을 읽을 때와 인터넷을 사용할 때 뇌 활성화 패턴이 다르다는 것을 발견했다. 책을 읽을 때는 언어, 기억, 시각적 처리 등과 관련된 부분이 활성화되지만, 인터넷을 사용할 때는 전전두엽 전반에 걸쳐 더 광범위한 활성화가 나타난다는 것이다. 쉽게 말해 책을 읽을 때는 뇌가 집중해서 한 가지 일에 몰두하지만, 인터넷을 사용할 때는 여러 가지를 동시에 처리하느라 집중이 분산된다.

일본의 뇌과학자 가와시마 류타[Ryuta Kawashima] 교수의 연구에서도 비슷한 결과가 나왔다. 그는 14년간 7만 명을 대상으로 연구를 진행했는데, 스마트폰 사용 시에는 콘텐츠 내용과 상관없이 뇌가 '이완 상태'에 머물며, 학습에 필수적인 배외측 전전두엽이 활성화되지 않았다고 한다. 즉, 스마트폰으로 아무리 좋은 내용을 봐도 뇌는 마치 TV를 보듯 수동적으로 받아들이기만 할 뿐, 깊이 생각하거나 기억하려는 노력을 하지 않는다는 의미다.

요즘 SNS에는 짧고 자극적인 정보가 넘쳐난다. 1분 안에 핵심을 전달하는 쇼츠 영상, 한눈에 들어오는 요약된 이미지, AI가 순식간에 요약해 주는 내용들. 분명 편리하고 빠르다. 하지만 문제는 이런 정보의 소비 형태가 대부분 일방적이라는 데 있다.

스마트폰으로 정보를 찾을 때 우리 뇌는 '검색 모드'에 들어간다. 빠르게 훑어보고, 필요한 부분만 골라내고, 바로 다음으로 넘어간다. 겉으로는 많은 내용을 배우는 것 같지만, 실제로 익히는 과정은 그 안에 없다. 배움과 익힘이 단절되면, 아무리 많은 정보를 쏟아도 삶은 달라지지 않는다.

반면 책을 읽을 때는 '숙고 모드'가 작동한다. 글을 읽으며 내가 가진 문제에 대입해 고민하는 시간, 문장을 곱씹으며 저자의 생각을 따라가는 과정, 중간에 멈춰 서서 내 삶을 돌아보게 만드는 여백이 생긴다. 이 모든 것이 책이라는 매체가 제공하는 '생각의 공간'이다. 독서가 단순한 정보 습득이 아닌 내면과의 대화이자 사유의 훈련으로 불리는 이유다. 한 권의 책을 끝까지 읽는 동안 우리는 수많은 판단을 내리고, 문장마다 삶을 비춰보며, 인생의 방향을 조금씩 수정해 나간다.

물론 유튜브나 팟캐스트, 각종 온라인 콘텐츠도 분명 가치가 있다. 특히 빠르게 변화하는 기술이나 트렌드 정보를 파악할 때는 오히려 책보다 효율적이다. 그렇다고 AI와 책을 대립 관계로 볼 필요도 없다. 서로 다른 장점을 가진 도구로서 상황에 맞게 활용하면 된다. 여기서 핵심은 어떤 매체를 통해 정보를 얻든, 그것을 자신만의 언어로 소화하고 삶에 적용하는 과정이 없다면 진정한 학습은 일어나지 않는다는 사실이다.

정보의 홍수 속에서 살아가는 지금, 우리에게 필요한 건 더 많은 정보가 아니라 그 정보를 연결하고 통합하는 능력이다. 책을 읽는 사람들이 여전히 앞서나가는 이유는 더 많이 알아서가 아니라, 지식의 사이의 연결 고리를 찾아내고, 그것을 바탕으로 새로운 통찰을 만들어내는 능력이 뛰어나기 때문이다.

책을 읽는다는 것은 내 인생을 더 깊이 들여다보는 일이다. 다른 사람의 경험과 지혜를 빌려 나를 더 잘 이해하고, 앞으로 더 현명한 선택을 내릴 수 있게 도와주는 과정인 셈이다. 그렇게 쌓인 사고력과 통찰력이 일상의 선택을 바꾸고, 그 선택들이 모여 인생의 방향을 결정한다.

기술이 아무리 발전해도, 인간의 뇌가 깊이 사고하는 방식은 크게 변하지 않는다. 그리고 그 사고력을 가장 체계적으로 훈련할 수 있는 도구가 바로 책이다. 하루 30분, 스마트폰 대신 책을 펼쳐보라. 단 한 달만 지속해도 생각하는 방식이 분명히 달라지는 것을 느낄 수 있을 것이다.

FACE THE WORLD

세상을 정면으로
마주할 용기

: 흔들리지 않는 내면을 만드는 법

책임져주지 않을 사람들의 말에
귀 기울이지 마라

"책임져주지 않을 사람들이 하는 말은 귀담지 마세요."

100만 유튜버 밀라논나가 자신의 채널에 출연한 배우 한예슬과 대화를 나누며 했던 말이다. 인생의 갈림길 앞에서 우리는 늘 같은 질문을 던진다.

'지금 나는 어떤 선택을 내려야 하는가?'

더 나은 결정을 내리기 위해, 후회를 남기지 않기 위해, 우리는 끝없이 타인의 조언에 귀를 기울이고, 쏟아지는 정보 속에서 정답을 찾고자 애쓴다. 그러다 어느 순간, 한 가지 사실을 마주한다. 정답은 어디에도 없고, 선택은 온전히 내 몫이라는 것을.

'젊을 때 경험에 투자해야 한다'는 말은 살면서 한 번쯤 들어봤을 것이다. 누군가는 말한다. "젊을 때는 무조건 여행을 가야 해. 그게 나중에 진짜 재산이 돼." 반대로 다른 누군가는 이렇게 말한다. "벌 수 있을 때 모아 놓아야지, 젊을 때 돈 펑펑 쓰면 후회해."

놀랍게도, 이 두 조언은 모두 옳다. 그런데 왜 이토록 뻔한 질문에 서로 다른 답을 내놓는 것일까? 그건 자신이 살아온 경험을 기준 삼아 자신만의 답을 만들기 때문이다. 즉, 누군가의 삶에서는 의심할 필요 없는 정답이, 다른 누군가의 삶에는 오답이 될 수도 있다는 말이다.

서로 다른 배경과 경험을 가진 사람들 사이에서 공통의 정답을 찾는 건 애초에 불가능한 일이다. 심리학자 칼 융^{Carl Jung}은 다음과 같이 말했다. "누군가에겐 꼭 맞는 신발도 다른 이에겐 발을 조이는 법이다." 우리는 '완벽한 정답'이 아닌, '자신만의 기준'을 세워야 한다.

삶을 바꾸는 진짜 첫걸음은 정답을 찾는 일이 아니라, '정답이 없다는 사실을 받아들이는 용기'에서 시작된다. 우리가 수많은 선택지 앞에서 망설이는 이유는, 대부분 잘못된 선택을 내릴까 두렵기 때문이다. 하지만, 인생에는 정답보다 방향이 중요하다. 길게 보면 당장의 답을 찾는 일은 크게 중요치 않다. 유현준 교수의 말처럼, "정말 가야 할 길이라면, 순서가 바뀌어도 결국 그 길로 가게 되는 것이 인생"이다.

　방향을 잡는다는 건 나만의 기준과 맥락 위에 삶의 흐름을 정립하는 일이다. 그 기준만 있다면, 정답이 없어도 길을 잃지 않는다. 그리고 그 기준은 결국 '자기 내면과의 대화'에서 시작된다.

"내가 진짜 원하는 삶은 무엇인가?"
"이 선택은 나의 가치관과 일치하는가?"
"지금 내가 가진 생각은 온전한 나의 것이 맞는가?"

　당장 답이 떠오르지 않아도 괜찮다. 중요한 건, 질문에 정확한 답을 내놓는 것이 아니라, 질문 자체가 가진 의미를 꾸준히 떠올려 보는 것이다. 미국의 심리학자 클라리사 핑콜라 에스테스$^{Clarissa\ Pinkola\ Estés}$는 말했다. "변화를 이끄는 핵심은 적절한 질문을 던지는 것이다. 질문은 무의식의 비밀스러운 문을 열게 하는 열쇠다." 문제가 생겼을 때, 그 해답은 외부가 아닌 내면에 존재한다.

　우리는 종종 이러한 고민 없이 그저 '안전한 길'을 택한다. 취업이 잘 되는 학과, 안정적인 직장 등. 남들과 비슷한 길을 가면 실패할 확률이 적다고 믿기 때문이다. 하지만 그 길이 자신에게 맞지 않는다면, 아무리 안정적이어도 결국 삶은 불만족으로 가득 찬다. 앞서 말했듯이, 발에 맞지 않는 신발을 신고 먼 길을 걷는 셈이다. 겉으로는 멀쩡해 보여도, 속에서는 조금씩 곪기 시작한다. 반대로 당신이 택한 길이 다수의 선택과 다르더라도, 당신의 내면이 이끄는 방향을 따라 걷는다면, 그 길은 바로 당신만의 길이 된다.

마지막으로 꼭 기억해야 할 것이 있다. 방향은 한 번 정했다고 끝나는 게 아니다. 삶의 목표와 환경이 달라지면 방향도 함께 조정된다. 그건 흔들림이 아니라 성장이다. 방향은 정답보다 더 유연하며, 동시에 더 단단하다.

인생은 수학 문제가 아니다. 정해진 답도, 점수를 매길 정답지도 없다. 모든 선택은 결국 시행착오와 배움의 연속이며, 그 모든 흐름이 곧 당신의 인생이다. 다만 그 시행착오가 향하는 방향이 일관될 때, 우리는 비로소 '내 삶을 살고 있다'라고 말할 수 있다. 이제 더 이상 타인의 답을 좇지 마라. 대신, 당신만의 질문을 품고, 당신만의 기준을 향해 나아가라. 그것이 어두운 세상 속에서 당신의 길을 밝혀줄 나침반이 될 것이다.

남을 욕하다
인생이 망가지는 이유

"왜 저렇게 일을 못 해?"

　가끔 우리는 타인의 부족한 모습을 보며 마음속으로 의문을 던진다. 이렇듯, 살다 보면 누군가를 미워하거나 비난할 수 있다. 인간은 완전하지 않으며, 감정 또한 통제 불가능한 영역이기 때문이다. 문제는 그 감정이 일시적인 해소로 끝나지 않는다는 데 있다. 비난은 화살처럼 날아가 타인을 상처 입히는 동시에, 부메랑처럼 되돌아와 나를 겨눈다. 의도치 않았더라도, 그 비난은 결국 나의 자아를 찌르는 칼날이 된다.

　예컨대 발표 중 긴장한 사람을 향해 "왜 저렇게 떨지? 프로답지 못하네"라고 생각한다면, 나중에 비슷한 상황에 놓였을 때 오히려 더 큰 압박을 받게 된다. 타인에게 던진 비난이 기준이 되어, 자신에게도 똑같은 잣대를 들이미는 것이다. 이처럼 '자기 비난'은 대게 외부를 향한 비난에서 시작된다. 남을 깎아내리던 시선이 결국 나를 옥죄는 검열의 렌즈로 바뀌는 것이다.

심리학에서는 이러한 현상을 '투사Projection'의 역작용으로 설명한다. 즉, 우리가 외부에 대해 품는 평가와 태도가 어느 순간 자기 자신에게 투사되어, 무의식적으로 자아 형성에 영향을 준다는 것이다. 사회학자 찰스 호튼 쿨리Charles Horton Cooley는 '거울 자아Looking Glass Self' 이론을 통해 사람들이 타인의 시선을 거울삼아 자기 자신을 구성해 간다고 설명한다. 결국 비난과 경멸의 시선으로 세상을 보는 사람은, 자신을 수용할 가능성도 함께 줄어들게 된다. 이처럼 타인을 판단하는 습관은, 자기 확장의 기회를 가로막는 독이 된다.

실제로 소셜미디어상에서 타인과의 비교 행동을 연구한 결과, 지속적인 사회적 비교는 자존감 저하와 심리적 피로감을 증가시키는 것으로 나타났다. 비교와 비난은 자신을 향한 지속적인 채찍질로 이어지며, 불안과 우울의 원인이 된다. 삶이 좀처럼 나아지지 않는 이유는, 의외로 단순하다. 남을 판단하느라 정작 자신을 돌보지 못하기 때문이다. 타인의 부족함을 들여다보는 그 시간에, 나 자신을 살펴볼 기회는 서서히 사라진다.

이제 자신에게 다시 한번 물어야 한다.

"나는 왜 누군가를 쉽게 판단하는가?"
"그 판단은 내 불안을 감추기 위한 수단은 아니었는가?"

중요한 건 타인의 결점을 평가하는 게 아니라, 그 순간 마음속에 어떤 감정이 일어나는지를 들여다보는 일이다. 남을 향한 날카로운 시선은, 사실 자신을 향한 불안의 그림자일 수 있다. 그 그림자를 마주하고 풀어낼 때, 우리는 비로소 성숙한 시선을 가지게 된다.

인생은 '누가 더 잘하고 잘못했는지'를 따지는 게임이 아니다. 정작 중요한 건, 그 시간 동안 자신이 얼마나 성장했느냐다. 시선이 남의 결함에 머무는 순간, 성장은 멈춘다. 반대로, 그 시선을 내면으로 돌리는 순간, 삶은 조금씩 달라지기 시작한다.

우리는 타인을 통제할 수 없지만 스스로를 성찰하고, 조금씩 개선해 나가는 일은 충분히 가능하다. 비난은 잠깐의 쾌감을 줄 수 있지만, 성찰은 오랜 평온을 준다. 다음에 누군가의 실수를 마주하게 된다면, 먼저 이렇게 물어보라. "나라면 같은 상황에서 어떻게 반응했을까?" 이 질문 하나가 당신을 성장의 길로 이끌 것이다. 그리고 그 순간부터 타인도, 자신도 더 따뜻하게 안아줄 수 있는 사람으로 당신은 한층 더 성숙해질 것이다.

조용히 인생을 망치는
사소한 습관 2가지

    책을 읽다 보면, "이렇게 해야 성공한다."라는 내용의 조언은 넘쳐난다. 하지만, "이것만은 조심해야 한다."라는 조언은 생각보다 많지 않다. 여기서 명심해야 할 건, '했을 때 좋은 일'보다 '하면 안 되는 일'을 더 경계해야 한다는 점이다.

    이제 성공하는 방법을 모르는 사람은 거의 없다. 오히려 그 방법이 너무 많아 넘칠 지경이다. 정보는 셀 수 없이 쏟아지고, 조언도 차고 넘친다. 이보다 더 중요한 건, 무엇을 하지 말아야 할지를 아는 것이다. 대부분은 성공 공식만 좇다가, 실패의 함정을 보지 못한 채 그 순간에 갇혀버린다. 이런 상황의 주인공이 되고 싶지 않다면 반드시 두 가지를 주의해야 한다.

첫째, 게으름에는 이자가 붙는다.

사람마다 목표는 다를 수 있다. 누구는 부를, 누구는 화목한 가정을, 누구는 건강한 삶을 우선순위에 둔다. 하지만 그 어떤 목표도 단 한순간에 이루어지는 건 없다. 많은 책에서 "매일 조금씩 앞으로 나아가지 않는다면, 그 어떤 목표도 이룰 수 없다."와 같은 말을 반복하며, 꾸준한 노력의 중요성을 강조하는 이유가 있다.

그러나 대부분은 그 반대의 영향에 대해서는 생각하지 못한다. 좋은 습관만큼, 안 좋은 습관도 빠르게 쌓인다.

"내일부터 진짜 열심히 해야지."
"딱 10분만 핸드폰 보면서 쉬어야지."

이렇게 보내는 하루가 조금씩 쌓여 결국 아무것도 변하지 않는 1년이 된다. 그리고 무의식적으로 쌓인 시간에는 '이자'가 붙는다. 안 좋은 습관도 반복되면 뿌리를 내리고, 게으름도 점점 익숙해진다. 겉으로는 이전과 다를 바 없어 보여도, 내면은 점점 퇴화한다. 이러한 습관을 뒤집기 위해서는 전보다 몇 배는 더 큰 노력과 에너지가 필요하다. 나이를 먹을수록 인생을 바꾸기 쉽지 않다는 말이 단순한 체력 문제만 말하는 게 아닌 이유다.

둘째, 성장하는 기분에 취하지 말아라.

많은 사람이 '동기부여 영상'을 보며 힘을 얻는다. 물론, 이는 마인드를 바꾸는 효과적인 방법이다. 하지만, 동기부여만으로 인생을 바꾸기는 불가능하다. '동기'는 말 그대로 감정일 뿐이다. 결국 행동하지 않으면, 아무 일도 일어나지 않는다. 문제는 변화한 것 같은 착각 속에서 행동을 멈춘 채, 이미 성공한 듯한 감정만 느끼며 안주하는 것이다. 이런 감정에 중독되면, 결국 출발선에서 맴도는 삶을 살아가게 된다. 그렇게 몇 년이 흐르고 나서야, 그들은 깨닫는다. 정작 삶을 바꾸기 위해서는 아무것도 하지 않았다는 사실을.

만약, 지금까지 자신도 모르게 '게으름 적금'을 들고 있었다면, 이제 그 통장을 해지하라. 그리고 오늘부터는 목표를 향해 매일 적은 금액을 입금하듯 실천을 쌓아라. 처음엔 아무 일도 일어나지 않을 것이다. 아니, 그렇게 보일 것이다. 하지만 일정 시간이 지나면, 복리처럼 불어난다. 그게 인생의 법칙이다.

이 책을 덮은 뒤에도 이전과 똑같이 행동한다면, 1년 뒤 당신은 지금과 같은 자리에 서 있을 것이다. 그러나 아주 작은 다짐이라도 실천에 옮긴다면, 5년 후의 당신은 지금의 모습을 돌아보며 미소 짓고 있을 것이다.

원하는 삶을 꿈꾸는 건 누구나 한다. 하지만 꿈만 꾸는 동안, 현실은 움직이는 사람의 편으로 기울어진다. 이제는 그 기울기를 당신이 직접 만들어야 할 때다.

그 하루,
당신은 얼마에 팔겠는가

"인간은 사라진 뒤에야 비로소 소중함을 안다."

익숙한 말이지만, 우리는 일상에서 그 의미를 쉽게 체감하지 못한다. 매일 반복되는 하루는 어느새 무채색으로 변하고, 익숙하다는 이유로 우리는 쉽게 그 가치를 잊는다. 그러다 문득, 늘 간이 싱겁다며 투정했던 엄마의 콩나물국이 다시는 맛볼 수 없는 음식이 되었을 때, 그제야 비로소 깨닫는다. 평범했던 그 순간들이 얼마나 귀중했는지를.

코로나 시기, 우리는 이 진실을 뼈아프게 체감했다. 마스크 없이 거리를 걷는 일, 친구와 주말에 만나 밥을 먹는 일, 동네 카페에 느긋하게 앉아 시간을 보내는 일이 얼마나 특별한지. 그토록 당연했던 하루가 단숨에 사라졌을 때, 우리는 비로소 '일상'의 가치를 처음으로 똑똑히 보았다. 하지만, 그 자각도 오래가지 않았다. 익숙함은 감각을 무디게 만들고, 감정을 마비시킨다. 시간이 흐르고, 우리는 다시 원래의 무심한 일상으로 돌아갔다.

"요즘 한국 사회는 희망이 없어."

많은 이들이 말한다. 어느새, '헬조선'이라는 말은 이제 하나의 클리셰가 되어버렸다. 하지만 시야를 조금만 바꿔보면, 우리가 누리고 있는 것들은 당연하지 않다. 자정이 넘은 밤에도 안심하고 거리를 걸을 수 있고, 자리에 노트북을 두고 화장실을 다녀와도 걱정 없는 나라. 감기에 걸려도 저렴한 비용으로 병원을 이용할 수 있고, 초고속 인터넷을 일상처럼 사용하는 나라. 이 모든 것이 누군가에게는 꿈이고, 누군가에게는 아직 닿지 못한 현실이다.

문제는 우리가 그것을 당연하게 여긴다는 데 있다. 지금 손에 쥔 것의 가치를 제대로 알지 못한 채, 늘 '더 나은 무언가'를 향해 발버둥 친다. 물론, 더 나은 삶을 바라는 것은 자연스러운 일이다. 그러나 현재의 의미를 보지 못한 채 미래만을 좇는다면, 아무리 많은 것을 얻더라도 만족은 없다.

"오늘 하루를 저에게 얼마에 파시겠습니까?"

만약 누군가가 이렇게 묻는다면, 당신은 얼마를 받아야 아깝지 않다고 느끼겠는가. 백만 원? 천만 원? 아니면 금액조차 쉽게 떠오르지 않을 만큼 소중한 하루인가? 가볍게 던진 상상 같지만, 이 질문은 꽤 깊은 물음이다. 우리는 지금 하루를 얼마나 값지게 여기며 살아가고 있을까? 대부분은 매일을 공짜처럼 소비하면서도, 이미 지나간 하루를 되찾을 수만 있으면 무엇이든 내줄 수 있다고 말한다. 아이러니하게도, 우리는 '지금 이 순간'이 얼마나 소중한지 알지 못한 채 살아간다.

하루의 가치를 재발견하려면, 우리가 이미 누리고 있는 것들을 정면으로 바라보는 훈련이 필요하다. 매일 아침 습관처럼 마시는 커피 한 잔, 별생각 없이 나누는 친구와의 대화, 아침에 눈을 뜰 수 있다는 사실조차 당연하지 않다는 자각. 그 작은 깨달음이 하루의 밀도를 바꾸고, 삶의 감도를 높인다.

게다가 하루는 단순한 시간이 아니라 '인생의 방향을 결정하는 최소 단위'다. 오늘 하루를 무의식적으로 흘려보내면, 내일도 똑같은 하루가 반복된다. 반대로 단 10분이라도 나를 돌아보고 주도적인 선택을 한다면, 미래 전체의 궤도를 바꿀 수 있다. 거창할 필요는 없다. 감사한 일을 한 줄 적는 것, 나를 위한 작은 선택 하나. 그 사소한 기록들이 쌓여 결국 삶을 움직이는 힘이 된다.

진짜 위험한 건 실패가 아니라, 아무 의미 없이 흘려보낸 하루다. 오늘을 가볍게 여기는 사람은, 결국 인생 전체를 그렇게 살아간다. 반면 하루를 진지하게 대하는 사람은, 하루를 발판 삼아 삶의 방향을 바꾼다. 지금 당신이 가진 24시간은, 그 어떤 통장 잔고보다도 값진 자산이다. 이 하루를 어떻게 쓰느냐에 따라 당신의 인생은 완전히 달라질 수 있다.

다시 묻는다.
"그 하루, 당신은 얼마에 팔겠는가?"

그리고 이 순간, 당신은 그 하루가 가진 무게를 온전히 느끼며 살아가고 있는가?

죽음은 앞둔 사람이
가장 후회하는 것

"일주일 뒤에 죽는다면, 지금 뭘 가장 후회하겠는가?"

죽음 앞에서 가장 먼저 떠오르는 후회는 늘 '하지 못한 일'이다. 가깝다는 이유로 하지 못한 말, 겁부터 먹고 시작하지 못한 일, 미뤄둔 선택 등. 삶을 돌이켜보면, 언제나 바쁘다는 이유로 놓친 순간들이 떠오른다.

'그때 조금만 시간을 냈더라면' 하는 마음은 누구나 가지고 있을 것이다. 돌아보면 나는 대체로 원하는 방향대로 살아왔다. 중요한 순간에는 늘 마음이 가는 쪽을 택했고, 내 선택에 나름의 책임을 다하려 애썼다. 그럼에도 불구하고, 이 질문 앞에 설 때면 언제나 '충분했다'라는 생각보다는, '좀 더 잘할 수 있지 않았을까'

하는 아쉬움이 몰려온다.

인생은 유한하기에 소중하다. 사람들이 그토록 많은 돈을 벌려 하는 것도, 반대로 일을 포기하더라도 가족 곁에 머물려는 것도 결국 이 시간제한 때문이다. 인간은 길어야 100년 남짓한 인생을 살아가며, 매일 선택의 갈림길에 선다. 하지만 우리는 종종 이 단순한 진실을 망각한 채, 삶이 무한하게 이어지는 것처럼 시간을 사용한다.

무엇보다 사람들은 타인의 시선을 지나치게 의식하는 경향이 있다. 하고 싶은 일이 있어도, 말 한마디를 꺼내기까지 수없이 망설인다.

"나는 아직 준비가 안 됐어."
"지금은 좋은 타이밍이 아니야."

이 말들 속에는 현실이 아니라 자기 검열이 만든 '보이지 않는 한계선'이 숨어 있다. 그렇게 지금을 미루다 보면, 그 자리에는 후회라는 흔적만 남는다.

"만약 당신에게 남은 시간이 딱 한 달밖에 없다면, 지금 이 선택을 계속하겠는가?"

죽음은 삶의 끝이 아니라, 삶을 가장 진지하게 되돌아보게 만드는 '리셋 버튼'이다. 당장 인생이 딱 1달 남았다고 상상해 보면, 억지로 유지하던 인간관계, 형식적인 목표, 의미 없는 경쟁심 같은 고민은 속절없이 힘을 잃는다. 그 모든 것이 사라지고 나면 비로소, 내가 진짜 원하는 삶의 모양이 또렷해진다.

하고 싶었지만 겁이 나서 미뤘던 일, 밝은 표정 뒤로 참았던 말 또한 강렬한 아쉬움으로 떠오른다. 그 순간만큼은 두려움보다 아쉬움이 앞선다. 아이러니하게도 죽음을 떠올리는 찰나에야 우리는 비로소 '진정 내가 원하는 삶이 무엇인지'를 직면한다.

우리는 종종 '나중에'라는 단어에 현재를 저당 잡힌 채 살아간다. 여유가 생기면, 돈을 좀 더 모으면, 조금 더 준비되면…. 그렇게 시작을 미루는 사이, 시간은 계속해서 흘러간다. 언젠가는 완벽하게 준비를 마치고, 기가 막힌 타이밍이 찾아올 거라 생각하지만 그런 날은 절대 찾아오지 않는다. 지금 그 마음이 바뀌지 않는 한, 인생도 바뀌지 않는 걸 꼭 기억해야 한다.

마르쿠스 아우렐리우스[Marcus Aurelius Antoninus]는 저서 《명상록》에서 다음과 같이 말했다. "하루하루를 완성된 인생처럼 살아라. 그날이 마지막이라 해도 부끄럽지 않게 살아라." 오늘 하루를 제대로 살겠다는 다짐이 쌓여, 결국 한 해를 움직이고 인생의 궤적을 옳은 곳으로 이끈다. 어쩌면 10년 후의 성공은 당신이 오늘 아침을 어떻게 쓰느냐에 달려 있을지도 모른다.

물론, 모든 날을 마지막처럼 살 수는 없다. 그렇게 살면 금방 지쳐 쓰러질 것이다. 하지만 적어도 하루에 한 번은 잠시 멈추는 습관이 필요하다. 하루 전체를 바꾸겠다는 결심이 아니라, 단 5분만 속도를 늦추는 시간이면 충분하다.

핸드폰을 내려두고, 고요한 창밖을 바라보거나, 잠시 눈을 감은 채 숨소리에 집중해 보는 것. 우리는 생각보다 많은 순간을 살아가면서도, 살고 있다는 감각 없이 멍하니 하루를 보낸다. 짧은 정지 속에서 잠시 멈추는 법을 배울 때 비로소 지금 이 삶이 '끝을 향한 유한한 시간'임을 실감하며 다시 앞으로 나아갈 힘을 얻을 수 있다.

하루를 단순히 '버티는 시간'으로 남길 것인가, 아니면 '기억에 남을 삶'으로 채울 것인가는 당신에게 달렸다. 선택은 지금도 가능하다. 어쩌면 삶이 우리에게 준 가장 지혜로운 선물은 '죽음을 인식하는 능력'일지도 모른다. 오늘, 숨 쉬고 있다면, 그 하루는 아직 살아 있는 것이다.

감정에 휘둘리지 않는
사람들의 비밀

어딘가에 작은 상처가 나면 즉시 연고를 바르고 밴드를 붙인다. 하지만 마음에 상처가 생기면 치유하기는커녕 "이 정도로 무너지면 안 돼."라며 오히려 상처 부위를 공격하기에 바쁘다. 몸의 상처는 소중히 돌보면서, 정작 마음의 상처는 왜 이렇게 함부로 대할까?

우리는 어릴 때부터 "울면 안 돼.", "엄살 부리지 마."와 같은 말을 들으며 자라왔다. 감정을 표현하기보다는 참고 견디는 것이 더 칭찬받는 일이었다. 그 결과, 어른이 된 지금도 감정을 억누르는 것이 성숙함이라 착각하고 있다. 하지만 이는 상처 난 곳에 밴드를 붙이지 않고 "아프면 안 돼."라며 주문을 외우는 것과 같다.

스탠포드 대학의 제임스 그로스^{James J. Gross} 박사의 연구에 따르면, 감정을 억압하는 경우 겉으로는 감정 표현이 줄어들지만, 실제로는 스트레스 반응을 높여 우리 몸에 부담을 준다고 한다. 일시적으로는 편해 보이는 선택이, 장기적으로 우리를 더욱 아프게 만드는 것이다. 이렇게 누적된 스트레스는 신체적, 정서적 문제로 나타나며, 때로는 감정 자체를 느끼기 어려운 마비 상태로 이어지기도 한다. 무엇보다 자신의 감정을 인정하지 않는 사람은 타인의 감정에도 둔감해져, 제대로 된 관계를 맺기 힘든 지경까지 이른다.

그렇다면 이 문제를 어떻게 해결할 수 있을까? 사실 방법은 의외로 간단하다. 내 몸을 돌보듯 마음도 돌보면 된다. 상처 난 곳에 약을 발라주듯, 마음에도 필요한 조치를 해줘야 한다. 그 방법은 크게 4가지다.

첫째, 감정에 정확한 이름을 붙여보자.

'힘들다'는 막연한 표현 대신 '불안하다', '외롭다', '억울하다', '무기력하다'처럼 구체적으로 감정을 표현해 보자. 실제로 신경과학 연구에 따르면, 감정에 이름을 붙이는 순간 뇌의 감정 조절 영역이 활성화되어 감정의 강도가 줄어든다고 한다.

둘째, 감정의 존재 이유를 인정하자.

영화 '인사이드 아웃'에 나오는 기쁨이, 슬픔이처럼, 우리 마음 속 감정에도 저마다 존재하는 이유가 있다. 예를 들어 불안은 위험을 경고하고, 분노는 억울함을 표현하며, 슬픔은 마음의 상처를 돌본다. 나쁜 감정도 쓸데없는 감정도 존재하지 않는다. 모든 감정에는 각각의 존재 이유가 있다.

셋째, 몸의 신호에 귀를 기울이자.

감정의 변화는 몸을 통해 가장 먼저 나타난다. 화가 날 때 주먹이 저절로 쥐어지고, 슬플 때 가슴이 먹먹해진다. 이처럼 몸이 보내는 신호에 주의를 기울일 때, 감정의 신호를 더 빨리 알아차릴 수 있다.

넷째, 자기 자신을 돌보자.

지금의 나에게 필요한 것이 무엇인지 물어보자. 혼자만의 시간이 필요한지, 누군가와 대화하고 싶은지, 아니면 단순히 휴식이 필요한지 스스로에게 질문을 던져보자. 자신의 감정에 관심을 갖고, 그 마음을 들어주려 노력하는 것만으로도 충분하다.

이런 방식으로 감정을 다루다 보면 놀라운 변화가 생긴다. 먼저 감정의 강도가 줄어든다. 억누르려 할 때는 더 강해지던 감정이, 인정하고 받아들이는 순간 자연스럽게 가라앉는다. 또한, 자신에 대한 이해가 깊어진다. '유독 어떤 일에 민감하게 반응하는지', '어떤 상황에서 에너지가 쉽게 고갈되는지', 자신만의 패턴을 파악할 수 있다. 그러면 비슷한 상황이 다시 올 때 훨씬 더 여유롭게 대응할 수 있게 된다.

자연스럽게 타인과의 관계도 개선된다. 자신의 감정을 솔직하게 인정하는 사람은 타인의 감정에도 더 세심하고 진정성 있게 반응할 수 있다. 진짜 공감은 자기 공감에서 시작된다.

물론, 자기 공감도 꾸준한 연습이 필요한 기술이다. 처음에는 어색하고 어려울 수 있다. 때로는 감정을 인정하는 것 자체가 고통스럽게 느껴질 수도 있다. 하지만 그 또한 자연스러운 과정이다. 중요한 건 나를 방치하기보단, 조금이라도 자신에게 더 다정해지려 노력하는 것이다.

당신이 느낀 고통은 결코 과장된 게 아니다. 그 감정을 제대로 이해할 수 있는 사람은 오직 당신뿐이다. 그리고, 당신을 제대로 돌봐줄 수 있는 사람도 당신뿐이다. 오늘부터는 자신과 친구가 되어보자. 무작정 비난하기보다 먼저 이해를, 비판하기보다는 격려를 먼저 전해 보자. 이 작은 변화가 당신의 하루를, 그리고 인생을 한결 평온하게 만들어줄 것이다.

쉬운 길이
당신을 망치는 이유

**"누구나 빠르고 쉬운 길을 원한다.
하지만 인생은 종종 그 반대편에 답을 숨겨놓는다."**

오늘날 우리는 모든 성공이 마치 공식을 풀듯 '간단한 것처럼 포장된' 시대를 살고 있다. 인터넷 검색창에 '성공하는 법', '부자 되는 법'을 입력하면 수많은 영상이 쏟아진다. 그리고 그 앞에는 반드시 이런 수식어들이 붙는다. "누구나 쉽게", "10분 만에", "1달 안에" 이런 문장을 반복적으로 접하다 보면, 노력 없이도 무언가 이룰 수 있다는 환상을 갖게 되고, 이는 곧 '성장' 자체에 대한 왜곡된 인식을 만든다.

문제는 이 착각이 단순한 오해에 그치지 않는다는 점이다. 실제로 사람들은 이제 '어떻게 더 잘할까'보다, '어떻게 덜 힘들게 할까'를 먼저 고민한다. 그리고 이런 사고는 습관이 되어, 어떤 일이든 쉬운 쪽만 선택하게 만든다.

　삶의 중요한 변화는 대부분 불편한 선택에서 시작된다. 단기적으로 덜 힘든 길은 당장의 부담은 줄여줄 수 있더라도, 장기적으로는 무기력과 좌절을 만든다. 쉬운 길은 대부분 경쟁이 심하거나, 변화의 여지가 적기 때문이다. 결국, 쉬운 길은 단기 만족을 제공하지만, 장기 성장에는 치명적인 독이 된다.

　세계적으로 성공한 사람들의 공통점은 재능이 아닌 '지속적인 몰입과 어려움을 극복하는 힘'에 있다. 그들은 남들보다 똑똑하거나 빠르기보다는, 어려운 길을 묵묵히 걸어갈 수 있는 내적인 힘을 지니고 있었다. 쉬운 길을 선택할수록 우리는 중요한 성장의 기회를 스스로 놓치게 된다.

　여기서 '쉬운 성공' 콘텐츠의 위험성이 드러난다. 마치 간단한 비법만 알면 모든 문제를 풀 수 있을 것 같은 느낌을 주지만, 대부분은 맥락이 생략된 채 결과물만을 보여줄 뿐이다. 누군가의 수년간의 시행착오와 실패들은 땅에 묻히고, 마지막에 도달한 '성공의 순간'만 사람들에게 소비된다. 그렇게 만들어진 기대치는 현실의 난이도와 충돌하고, 사람들은 금세 좌절하거나 자기 자신을 의심하게 된다.

반대로, 불편한 길을 마다하지 않는 사람들은 '즉각적인 보상'보다 '지속 가능한 변화'를 추구한다. 그들은 성공이 단기간에 도달할 수 없는 복리 곡선 위에 존재한다는 것을 안다. 예를 들어 하루 1시간씩 운동에 투자한다면 첫 주에는 별다른 변화가 느껴지지 않겠지만, 3달 뒤에는 체형이 조금씩 달라지기 시작하고, 1년이 지나면 완전히 다른 사람이 된다. 이처럼 진짜 변화는 시간이 지나야 보이기 시작한다. 그리고 그 과정은 대개 어렵고, 반복적이며, 지루하다. 하지만 그 지점에서 도망치지 않는 사람만이 결국 인생의 상승 곡선을 경험할 수 있다.

아이러니하게도, 지름길처럼 보이는 쉬운 길이 오히려 가장 멀리 돌아가는 길이다. 쉬운 길은 누구나 걷기 때문에 차별화가 어렵고, 구조적으로 지속 가능하지 않다. 오히려 어려워 보이고, 시간이 걸리는 길이야말로 깊이와 밀도를 만들어낸다. 그리고 그 깊이와 밀도는 결국 세상이 나를 대하는 방식을 바꾸는 힘이 된다.

지금 어떤 선택의 기로에 서 있다면, 스스로에게 이렇게 물어보자.

"지금 내가 선택한 이 길은 단지 쉬워 보여서 택한 것인가, 아니면 진짜 성장을 위한 길인가?"

대부분은, 본능적으로 피하고 싶은 길. 그 길이야말로 지금 내가 마주해야 할 방향일지도 모른다.

쉬운 길의 유혹에서 벗어나는 방법은 의외로 단순하다. 지금 내게 진짜 필요한 것이 무엇인지, 정직하게 마주하는 것. 그리고 그 답이 불편하고 낯설더라도, 기꺼이 그 길을 선택할 용기를 내는 것.

쉬운 선택이 반드시 나쁜 선택은 아니다. 하지만 쉬운 선택이 반복될수록, 우리는 점점 더 얕아지고 가벼워진다. '진짜 실력을 키우고 싶다면, 돌아가는 길을 두려워하지 말자. 그 길은 느릴지언정, 단단하게 당신을 완성해 줄 것이다.

내일을 위해
오늘을 희생하지 마라

소파에서 잠든 척하면 조용히 안방으로 옮겨주던 아빠. 모임에 나간다며 평소 입지 않던 원피스를 꺼내 입던 엄마. 스마트폰이 없던 시절, 친구와 종이에 집 전화번호를 적어 나눠 갖던 순간들. 그때는 몰랐지만, 그 사소한 일상 속에 지금은 우리가 잃어버린 무언가가 있었다. 특별한 것 없어도 만족스러웠던, 그 자체로 완전한 시간이 있었다.

어른이 된다는 건 그런 완전함으로부터 점점 멀어지는 일이다. 언제부턴가 우리는 '오늘'을 살지 않는다. 아침에 일어나자마자 한숨을 쉬며 곧 있을 회의를 걱정하고, 점심을 먹으며 빠듯하게 쌓인 일정을 확인한다. 저녁에는 다음 달 목표를 세우고, 잠들기 전엔 내년 계획을 떠올린다. 이 순간은 그저 '다음'을 위한 통과점일 뿐, 우리는 미래를 준비하느라 현재를 잃어버리고 있다.

아이러니하게도, 미래를 걱정할수록 우리는 더 불안해진다. 끝없이 준비만 하다 보니 정작 중요한 순간에는 지친 상태가 되고, 그 결과 원하던 미래조차 제대로 맞이하지 못한다. 우리는 좋은 미래는 좋은 오늘의 연장선에서만 가능하다는 것을 잊은 채 살고 있다.

심리학자 미하이 칙센트미하이$^{Mihaly\ Csikszentmihalyi}$는 '몰입^{Flow}' 연구를 통해 한 가지 사실을 발견했다. 사람들이 가장 큰 행복을 느끼는 순간은 현재 하는 일에 완전히 몰입했을 때라는 것이다. 그의 연구에 따르면, 인간이 느낄 수 있는 가장 만족스러운 순간은 성취가 아니라, 그 성취를 향해 온전히 집중하고 있는 과정이라고 한다. 즉, 행복은 미래에 있는 것이 아니라, 지금 이 순간에 있다.

고대 로마의 시인 호라티우스^{Horatius}가 남긴 "카르페 디엠$^{Carpe\ diem}$"도 같은 맥락이다. 단순히 현재를 즐기라는 쾌락주의가 아닌, '지금 이 순간을 온전히 붙잡고 살아내라'는 의미에 더 가깝다. 우리에게 확실하게 주어진 시간은 오직 지금뿐이기 때문이다.

그렇다면 '지금을 살아내라'는 말은 구체적으로 무엇을 의미할까? 그건 잠자리에 들기 전 "오늘 하루 잘 살았다."라고 말할 수 있는 상태를 만드는 것이다. 복잡해 보이지만, 세 가지 작은 습관만으로 충분하다.

첫째, 아침 5분의 의도 설정

아침에 눈을 뜨면 5분만 시간을 내어 스스로에게 물어보자. "오늘 하루 어떤 사람이 되고 싶은가?" 거창한 목표를 말할 필요는 없다. "어제보다 더 친절한 사람이 되자", "자신감 넘치는 하루를 보내자"처럼 간단해도 좋다. 이 작은 의도가 하루 전체의 방향을 잡아준다.

둘째, 순간에 완전히 머물러라.

식사할 때는 음식에만 집중해 보자. 누군가와 대화할 때는 스마트폰을 내려놓고 그 사람의 말에만 귀를 기울여보자. 일을 할 때는 다른 생각은 잠시 미뤄두고 지금 하고 있는 그 일에만 몰두해 보자. 처음에는 어색할 수 있다. 하지만 이런 순간들이 하나씩 쌓일 때마다, 하루의 밀도가 달라지는 걸 느끼게 된다.

셋째, 하루를 의미 있게 마무리하라

잠들기 전 노트를 펴고, 오늘 하루를 돌아보자. 그리고 3가지만 적어보자. 잘한 일 하나, 누군가에게 고마웠던 순간 하나, 내일 좀 더 나아지고 싶은 점 하나. 한 줄씩만 적어도 충분하다. 그렇게 정리한 하루는 그냥 흘러간 시간이 아니라, 진짜 내가 살아낸 하루가 된다.

이렇게 완성된 하루가 쌓이면 놀라운 변화가 일어난다. 가장 먼저, 미래에 대한 불안이 줄어든다. 오늘을 제대로 살아낸 사람에겐 내일도 잘 살아낼 수 있다는 자신감이 있다. 삶의 만족도도 확연히 달라진다. 매일을 의미 있게 보낸 사람은 한 달, 일 년이 지나도 그 시간이 헛되지 않았다고 느낀다. 시간에 쫓기며 사는 게 아니라, 시간을 내 것으로 만들어가는 감각을 얻게 되는 것이다.

무엇보다 놀라운 건, 어린 시절 느꼈던 그 충만함을 다시 경험할 수 있다는 점이다. 아이들이 놀이에 푹 빠져 시간 가는 줄 모르는 것처럼, 현재에 완전히 몰입한 어른도 같은 경험을 할 수 있다. 바로 그 순간, 우리는 진짜 살아있다는 감각을 되찾는다.

벤자민 프랭클린Benjamin Franklin은 "오늘 할 수 있는 일을 내일로 미루지 마라"라며 현재를 강조했다. 그의 말처럼, 우리가 영향을 미칠 수 있는 시간은 오늘뿐이다. 미래는 불확실하고, 과거는 바꿀 수 없지만, 오늘은 다르다. 오늘은 우리가 온전히 선택할 수 있는 시간이다.

내일을 걱정하느라 소중한 오늘을 흘려보내지 말자. 대신 오늘을 완성하자. 그렇게 완성된 하루들이 쌓여, 결국 당신이 꿈꾸던 미래가 만들어진다. 자, 오늘 하루. 당신은 어떤 사람이 되고 싶은가? 그 답이 떠올랐다면, 당신의 오늘은 이미 의미 있게 시작된 것이다.

여행의 목적은
에펠탑을 보는 게 아니다

가수 故신해철은 생전 한 방송에서 성공에 대해 이렇게 말했다.

"순위 프로그램에서 1등하고 기분 좋은 건 2주 가더라고요. 연말에 상 받는 거는 3주 정도 가고요. 근데 녹음할 때 고생하고, 콘서트 할 때 고생하고 이런 거는 거의 평생 가요."

그는 말했다. 결과에 집착할수록 사람은 예민해지고, 결국엔 삶이 무의미해진다고. 진짜 의미는 결과가 아니라, 그 과정을 얼마나 행복하게 살아내느냐에 달려 있다고. 그는 결과와 과정이 우리 삶에서 차지하는 '시간의 길이'를 비교하며, 행복은 도달해야 할 목표가 아니라 과정을 대하는 태도에서 비롯된다는 통찰을 남겼다.

사람들은 종종 말한다. "이번만 버티면, 다음에는 괜찮아질 거야." 나 역시 그렇게 믿었다. 하지만 어느 순간부터 '성공'은 도달하고 싶은 꿈이 아니라, 도망치듯 매달려야 하는 유일한 생존구가 되어 있었다. 더 나은 삶을 위해 달리고 있다고 믿었지만, 정작 어디를 향하고 있는지는 알지 못했다. 방향 없는 전력 질주, 그것이 나의 20대였다.

살아남아야 했고, 선택지는 없었다. 아르바이트로 생활비를 벌며, 남은 시간은 전부 사업에 쏟아부었다. 하루 14시간씩, 그 외의 것들은 전부 포기한 채, 더 나은 내일을 위해 말 그대로 모든 것을 갈아 넣었다.

그렇게 4년이 지나, 몇 번의 실패를 거쳐 바라던 목표에 도달했다. 그런데 이상하게도 마음은 공허했다. 행복은커녕 더 큰 불안이 파도처럼 밀려왔다. 멈추는 순간 모든 걸 잃을 것만 같았고, 더 열심히 달려야만 안심이 됐다. 성장은 있었지만, 만족은 없었다. 그때 알았다. 문제는 목표가 아니라, 내 안에 있었다는 걸.

사람들은 '에펠탑'을 보기 위해 여행을 떠난다. 하지만 여행을 다녀온 뒤, 더 오래 기억에 남는 건 따로 있다. 비행기를 기다리며 먹은 샌드위치, 계획에 없던 골목에서 발견한 작은 카페, 말이 통하지 않아도 따뜻하게 웃어주는 친절한 현지인들. 우리가 간절히 바라던 결과는 결국 인생이라는 여정 속의 한순간일 뿐, 그것만이 전부는 아니다.

삶의 본질은 '완주'가 아니라 '과정'이다. 그런데 우리는 속도와 도착지에 집착한다. 더 빨리, 더 멀리 가기 위해 오늘을 흘려보낸다. 과정 없는 결과는 절대 오래가지 못한다. 반대로, 충실한 하루는, 기대하지 않았던 내일을 만들어낸다. 그러니 목표를 세우되, 그 목표에 사로잡히진 말자. 중요한 건 지금 당신이 어디로 걷고 있는지, 그 걸음에 당신만의 의미를 실을 수 있는지에 있다.

진짜 성공은 빠르게 목적지에 도착하는 게 아니라, 그 길을 어떻게 걸어 나가느냐에 있다. 당신은 지금 어디를 향해 걷고 있는가? 그리고 그 길 위에서, 무엇을 보고 무엇을 느끼고 있는가?

인생이라는 여행을 시작한 이상, 목적지에 도착한 후에야 행복할 수 있다는 생각에서 지금 당장 벗어나길 바란다. 대신 지금, 이 길 위에서 매 순간 숨어 있는 행복을 발견하는 법을 배우자. 그것이야말로 여행의 진짜 목적이니까.

꿈은
3분 카레가 아니다

"정말 열심히 했는데, 도대체 왜 안 되는 걸까?"

빠른 성과에 목을 매던 시절, 나는 늘 자책했다. 현실은 그대로인데, 나만 뒤처지는 기분이었다. 그렇게 생긴 조급함은 곧 자기혐오로 바뀌었고, 더는 어떤 말로도 위로가 되지 않았다. 나름대로 최선을 다했는데, "내가 뭘 잘못하고 있는 걸까"하는 생각만 머릿속을 맴돌았다.

그러던 어느 날, 우연히 유튜브 알고리즘이 영상 하나를 추천했다. 지드래곤의 연습생 시절 영상이었다. 19살의 그는 안무 준비가 되지 않은 멤버들에게 소리쳤다.

"그냥 무릎 하나 깨진다 생각하고 돌려라, 뭐 그렇게 아깝다고 살살하고 난리야."

당시 그는 이미 13년 차 연습생이었고 그 누구보다 데뷔가 절실한 상황이었다. 그 영상을 본 뒤, 나는 스스로에게 물었다. "나는 정말 끝까지 노력했는가?" 냉정히 돌아보니, 문제는 현실이 아니라 내가 가진 태도에 있었다.

요즘 시대가 조급함을 부추긴다는 건 분명한 사실이다. 우리는 어느새 '즉각적 보상$^{Instant\ Gratification}$'에 익숙해졌다. 스마트폰을 열면 몇 초 만에 답이 나오고, SNS에 사진을 올리면 바로 '좋아요' 알림이 울린다. 그렇게 빠른 반응에 길들여진 우리는, 무의식적으로 '노력에도 즉시 보상이 따라야 한다'는 착각에 빠진다. 신경과학 연구에 따르면, 사람은 '즉각적 피드백'을 받을 때, 도파민 분비가 더 활발해진다. 특히 SNS나 영상 플랫폼처럼 끝없이 자극이 이어지는 환경에서는, 장기 목표보다 눈앞의 보상에 더 민감하게 반응하는 경향을 보인다. 뇌가 빠른 보상에 익숙해질수록, 기다림은 점점 더 견디기 힘든 일이 된다. 이 사이클이 반복되면 '당장의 결과가 없으면 실패'라는 왜곡된 프레임에 갇히고 만다. 조금만 늦어져도 자신을 의심하고, 그 불편함을 견디지 못하는 사람은 쉽게 방향을 틀고 하던 걸 포기하는 지경에 이른다.

이와 같은 현상은 우리가 '성공의 본질'을 오해한 결과다. 말콤 글래드웰Malcolm Gladwell은 《아웃라이어Outliers》에서 세계적인 성공을 거둔 사람들의 공통점을 분석하며, 그들은 예외 없이 최소 10년 이상, 1만 시간 이상의 몰입을 경험했다고 말한다. 모차르트는 6세에 작곡을 시작했지만, 첫 걸작을 만든 건 20년 후였고, J.K.롤링 역시 20대 초반부터 글을 써왔지만, 해리포터가 세상의 빛을 본 건 그녀가 34살이 되던 해였다. 중요한 건, 이 모든 시간은 단순한 반복이 아니라 '의도적 연습deliberate practice'의 누적이었다는 점이다.

성공은 결국 복리의 형태로 작동한다. 대런 하디Darren Hardy는 《복리의 마법The Compound Effect》에서 이렇게 말한다. "성공은 단기적인 폭발이 아니라, 장기적인 누적의 결과다." 하루 1%씩만 성장하면 1년 후 우리는 37배 나아진다. 하지만 반대로 1%씩 퇴보하면, 결국 0.03 수준으로 추락한다. 문제는 이 변화가 당장은 눈에 띄지 않는다는 것이다. 그래서 대부분은 '아무 일도 일어나지 않는 시간'을 견디지 못하고 멈춰버린다. 그러나 진짜 성공은, 보이지 않는 작은 반복이 쌓여 만들어지는 것이다.

우리가 진짜 두려워해야 할 것은 순간의 실패가 아니라 멈추는 일이다. 실패는 다시 일어나 도전하면 되지만, 멈추는 순간 모든 가능성은 닫힌다. 스티븐 킹Stephen King은 《캐리Carrie》의 초고를 완성한 뒤 "이건 안 될 거야"라며 원고를 쓰레기통에 버렸다. 하지만, 그의 아내는 그 원고를 꺼내 다시 출판사에 보냈고, 결국 《캐리》는 전 세계적인 베스트셀러가 되었다. 그날 아내의 손끝이 움직이지 않았다면, 우리는 지금 그의 이름조차 알지 못했을지도 모른다.

고민하는 시간에도 시간은 흐르고, 기회는 조용히 멀어진다. 오지 않을 언젠가를 기다리며 멈춰 선 사람은 기회를 놓치고, 오늘 작게라도 움직이는 사람만이 다음 기회를 만난다. 성공하는 사람은 방법보다 방향을 믿고 나아가고, 조급한 사람은 방법만 찾다 끝내 멈춰 선다.

꿈은 3분 카레가 아니다. 끓는 물만 부으면 완성되는 즉석식품 같은 성공은 없다. 진짜 성공은 미지근한 물에서, 조용히 오래 끓여야 비로소 완성된다. 기억하라. 행동하는 사람만이 기회를 잡고, 보이지 않는 시간을 견딘 사람만이 그 기회로 인생을 바꾼다.

당신의 행복은
얼마인가요?

"얼마가 있어야 인생이 행복할까?"

'돈이 많을수록 인생은 행복하다.' 나는 이 말을 하나의 진리처럼 믿었다. 치킨 한 마리를 시키기 전에 배달앱에 나온 모든 브랜드의 할인 쿠폰 금액을 비교했고, 친구들이 밥을 먹고 들어가자면 매번 가족 식사가 있다며 둘러댔다. 그 시절의 나에게는 말 그대로 '돈'이 전부였다. 하지만 시간이 지나 통장에 어느 정도의 금액이 모였을 때, 한 가지 진실을 깨달았다. 돈은 행복의 수많은 요소 중 하나일 뿐, 본질은 아니라는 것을 말이다.

1978년, 미국 노스웨스턴대의 심리학자 필립 브릭먼^{Philip Brickman}

교수 연구팀은 흥미로운 실험 결과를 발표했다. 그들은 복권 당첨자와 교통사고로 장애를 가진 사람들의 '행복도 변화'를 추적했다. 결과는 예상 밖이었다. 복권 당첨자는 당첨 직후엔 5점 만점 중 4점이라는 매우 높은 행복도를 보였지만, 시간이 지나자 평균 3.33점으로 떨어졌다. 반면 사고로 장애를 입은 이들은 초기 행복도가 2.96점으로 낮았지만, 오히려 시간이 지나며 3.48점으로 회복되었다.

이 연구는 우리에게 중요한 사실을 일깨워준다. 사람은 어떤 상황에든 적응한다. 처음에는 큰 행운이나 불행처럼 보이더라도, 결국에는 각자 고유한 '행복 기준선'으로 돌아오게 된다는 것이다. 돈도 마찬가지다. 단기적으로는 강한 만족을 주지만, 그 상태에 익숙해지면 다시 새로운 결핍을 느끼기 시작한다.

심리학에서는 이런 현상을 '쾌락 적응$^{hedonic\ adaptation}$'이라 부른다. 월급이 오르면 당장은 기쁘지만, 몇 달 후에는 그 기쁨이 사라진다. 새 차를 사면 며칠은 설레지만, 곧 당연한 일이 된다. 외부의 자극에 기대는 행복은 오래 지속되지 못한다. 반쪽짜리 행복인 것이다. 결국 행복은 '무엇을 가졌는지'보다, '그 안에서 느끼는 감정'에 더 큰 영향을 받는다.

따라서 우리는 행복의 기준을 외부가 아닌 내부에서 다시 세워야 한다. 여기서 중요한 건 지속가능성이다. 단기적 기쁨이 아닌, 꾸준히 긍정적인 감정을 불러오는 일이야말로 진정한 행복의 원천이 된다. 매일 아침에 마시는 모닝커피 한 잔, 저녁을 먹으며 보는 영화 한 편, 가볍게 공원을 산책하는 것처럼 일상에서 반복되며 쌓이는 감정적 안정이야말로, 우리가 동경하는 거대한 성취보다 훨씬 더 지속적인 행복감을 준다.

그럼 우리는 일상에서 어떻게 행복을 설계할 수 있을까?

첫째, '비교 기준'을 외부에서 내부로 옮겨야 한다.
누군가를 앞질렀는지를 따지기보다, 어제보다 나아졌는지를 묻는 습관이 필요하다.

둘째, '현재의 만족'을 무시하지 말아야 한다.
우리는 너무도 쉽게 다음 목표를 향해 가면서, 지금 이 순간이 얼마나 나아졌는지를 놓친다. 현재의 만족 없이는 아무리 큰 성취조차도 일시적 기쁨 수준에 머물 수밖에 없다. 번아웃을 자주 겪는 사람일수록 이를 무시한 채 살아가는 경우가 많다.

셋째, '작은 성취를 기록하는 습관'을 들여야 한다.
하루에 딱 한 줄만 써보자. '퇴근 후에 헬스장에 들렀다.' '오늘은 커피 대신 물을 마셨다.' 등. 작은 기록만으로도 삶은 조금씩 변하기 시작한다. 또한, 기록이 쌓일수록 앞으로의 행동에 추가적인 동기부여가 된다.

가만히 있는다고 행복이 제 발로 찾아오진 않는다. 동시에, 일정한 기준 이상의 성취를 이루지 못하면 행복할 수 없는 것도 아니다. 행복은 매일의 선택과 관찰, 그리고 외부 자극에 흔들리지 않는 자신만의 기준을 통해 만들어지는 설계 가능한 감정이다.

돈으로 행복을 살 수는 없다. 하지만, 어떤 환경에서 처해있든 지금보다 행복해지는 방법은 언제나 존재한다. 돈의 액수로 계산할 때는 절대 닿을 수 없을 것만 같았던 만족도, 자신만의 기준을 세우고 나면 비로소 눈에 보이기 시작한다.

삶의 기준이 바뀌는 순간, 당신의 일상도 분명 바뀔 것이다. 목표를 달성한 뒤 느끼는 성취감이든, 평범한 일상에서의 여유든, 우리가 찾는 '진짜 행복'은 더 많은 것을 소유하는 것이 아닌, 삶을 제대로 바라보는 관점의 변화에서 시작된다. 그러니 오늘부터, 당신만의 기준으로 숨겨진 행복을 설계하라. 그것이 억만금을 줘도 채울 수 없는 행복의 독을 가득 채우는 방법이다.

명품 향수 같은
사람이 되어라

화려하진 않지만 오래 기억에 남는 사람이 있다. 수많은 인연과 순간이 스쳐 지나가는 일상에서, 유난히 마음에 오래 머무는 사람이 있다. 말수는 적지만 말의 무게가 다르고, 표현은 많지 않지만, 감정의 진심이 느껴지는 사람. 그런 사람은 꼭 명품 향수 같다. 처음에는 존재감이 도드라지지 않지만, 시간이 지날수록 그 사람의 말과 태도, 온도가 마음속에 은은하게 스며들어 잊히지 않는다.

누군가에게 진심을 전한다는 건 생각보다 어렵다. 전부 다 말한다고 진심이 되는 것도 아니고, 반대로 너무 아껴도 마음이 잘 전해지지 않는다. 결국 중요한 건, 감정의 크기가 아니라 그것을 전달하는 방식이다. 좋은 향수가 강한 냄새가 아닌 은은한 여운으로 기억에 남듯, 진심도 적절한 온도로 전해질 때 오래 남는다. 그 핵심에는 '공감'이 있다. 우리는 종종 공감을 "그냥 맞장구치는 것"으로 착각한다. 하지만 진짜 공감은 상대방의 말에 고개를 끄덕이는 것이 아니라, 그 사람의 마음을 내 안에 조용히 품어보는 일이다.

예를 들어, 친구가 "요즘 회사에서 힘들어"라고 말했다 해보자. "아, 그래? 힘들겠다"라고 대답하는 것과 "어떤 게 가장 어려워?"라고 묻는 건 완전히 다르다. 전자는 형식적인 반응에 가깝지만, 후자는 진심 어린 관심이다. 이 작은 차이가 관계의 깊이를 결정한다.

감성지능 연구의 대가 다니엘 골먼Daniel Goleman에 따르면 공감은 감성지능의 핵심 요소이며, 의식적인 노력으로 키울 수 있는 능력이라고 말한다. 우리는 매일 하는 대화 속에서 상대의 말에 조금 더 집중하고, 그 말에 담긴 감정을 짐작한 뒤, 그것을 나의 언어로 다시 되새기는 연습을 통해 공감 능력을 키울 수 있다.

사람은 생각보다 훨씬 섬세하다. 누군가의 말 속에 숨어 있는 망설임, 말투의 떨림, 단어 선택의 무게를 본능적으로 감지한다. 그래서 공감이 진심인지 형식인지 바로 직감할 수 있다. 진짜 공감을 받은 사람은 그 감정을 쉽게 잊지 않는다. 마치 일상에서 불쑥 떠오른 향기처럼, 그런 말을 한 사람은 오래 남는다.

공감의 기술을 익힌 사람은 모든 영역에서 강해진다. 상대의 욕구를 이해하고, 마음의 흐름을 파악할 수 있는 사람은 대화의 방향도, 협상의 중심도 바꿀 수 있다. 나를 앞세우기보다 상대를 중심에 두는 사람, 나의 이야기보다 상대의 감정에 귀 기울이는 사람. 그런 사람은 설득하지 않아도 신뢰를 얻고, 증명하지 않아도 영향력을 갖게 된다.

그렇다고 해서 무조건 맞춰주고, 자기 의견을 숨기라는 말은 아니다. 공감은 타인의 시선을 이해하는 동시에, 내 감정도 소중히 여길 줄 아는 균형의 힘이다. 향수가 너무 진하면 불쾌감을 주듯, 과도한 공감은 오히려 관계를 무겁게 만든다. 핵심은 '적절한 온도'다.

당신도 그런 사람이 될 수 있다. 말 한마디에 온기가 느껴지고, 함께 있는 것만으로도 편안함이 전해지는 사람. 그 존재감은 거창한 말이나 화려한 표현에서 나오지 않는다. 일상 속 작은 진심들, 조금 더 멈춰서서 바라본 시선, 말하기보다 먼저 들으려는 태도가 그 사람을 '향기처럼 오래 남는 사람'으로 만든다. 그리고 그 첫걸음은, 누군가의 이야기에 진심으로 귀 기울이는 것에서 시작된다.

삶을 대하는 태도가
인생을 결정한다

　사람들은 "가성비"라는 단어에 열광한다. 식당, 가전, 옷, 심지어 관계까지도 '이만큼 투자했으면 이만큼은 얻어야지'라는 계산이 자연스럽게 작동한다. 나는 지금도 물건을 살 때면 한참을 합리적인 가격인지 고민한다. 하지만 단 하나, '일'에 대해서만큼은 절대 가성비를 따지지 않는다. 이 원칙 하나가 내 삶을 완전히 바꿔놓았다.

　20대 초반 대형마트에서 아르바이트하던 시절, 나는 언제나 시급의 두 배 가치를 만들어내려고 노력했다. 손님이 다가오기 전 먼저 인사를 건네고, 내 담당이 아닌 컴플레인에도 진심으로 응대했다. 식사 시간이 넘어도, 손님이 계시면 절대 자리를 비우지 않왔다. 그 결과 2개월 만에 계약직 전환 제안을 받았고, 전역 후 다시 돌아왔을 때는 나를 기억하는 고객들 덕분에 당시 맡았던 수박과 곶감 선물 세트에서 판매 품목 전국 1등의 성과를 낼 수 있었다. 그때 깨달았다. 성공은 결코 우연이 아니라는 것을.

일에 욕심을 부려야 하는 이유

대부분은 주어진 시간 동안 요구받은 만큼만 하면 된다고 생각한다. 하지만 진짜 성장하는 사람들은 일에 '욕심'을 부린다. 여기서 욕심이란 탐욕이 아니라, 자신이 맡은 일을 통해 더 나은 사람이 되고 싶다는 갈망이다.

일에 욕심을 부리는 순간, 일을 대하는 태도가 바뀐다. 단순히 시간을 때우는 것이 아니라, 그 시간을 통해 무언가를 얻으려 한다. 실력을 늘리고, 인정받고, 더 큰 기회를 만들어내고 싶어 한다. 이런 태도는 곧 결과의 차이로 나타난다.

하버드 대학, 카네기 재단, 스탠포드 연구센터의 공동 연구에 따르면, 직장 내 성공의 85%는 태도와 커뮤니케이션 같은 소프트 스킬에서 나오고, 기술적 능력은 단 15%만 차지한다고 한다. 같은 업무를 해도 '이 일을 통해 성장하겠다'라는 마음가짐을 가진 사람과 '그냥 하는 일'로 여기는 사람의 결과는 천지 차이라는 것이다. 일에 대한 욕심은 당신을 고착점에서 벗어나게 만드는 가장 강력한 동력이다.

정성이라는 이름의 추가 점수

세상에는 기본 점수와 추가 점수가 있다. 요구받은 일을 정확히 해내면 기본 점수를 받는다. 하지만 그 이상의 무언가를 보여줄 때 받는 것이 바로 '정성 점수'다. 이 점수야말로 인생에서 절대 놓쳐서는 안 될 숨은 기회다.

온라인 쇼핑몰을 운영할 때, 나는 모든 주문에 손 편지를 동봉했다. 배송비를 아끼기 위해 포장재를 최소화하는 업체들과 달리, 나는 제품이 상하지 않도록 정성껏 포장했고, 고객 문의에는 최소 200자 이상의 답변을 직접 남겼다. 이런 노력이 당장 매출에 큰 영향을 주지는 않는 듯 보였지만, 결국 리뷰로 이어졌고, 단골손님이 하나둘 생겨나기 시작했다.

인스타그램 채널 '현사이트'를 운영한 초창기에도 마찬가지였다. 콘텐츠 제작에 6시간을 쓰고도, 매일 1시간씩 다른 계정에 찾아가 최소 4줄 이상, 하루 20개씩 진심 어린 댓글을 남겼다. 누군가는 이런 행동을 '비효율적'이라고 말할 수 있지만 이런 정성이 쌓이고 쌓여 어느 한 북 콘서트에서, 모르는 사람이 내 앞에서 현사이트 채널을 추천하는 순간을 목격할 수 있었다.

정성 점수는 즉시 보이지 않는다. 하지만 분명 누적된다. 그리고 어느 순간 당신을 다른 사람들과 구별해주는 결정적 차이가 된다. 대부분은 이를 모른다. 하지만 누군가는 바로 이 정성 점수로 지금도 한걸음 앞서나가고 있다.

변하지 않는 성공의 진리

1억을 벌고 싶다면, 1억만큼의 가치를 줘야 한다. 100만 팔로워를 원한다면, 그만큼의 가치를 지닌 콘텐츠를 만들어야 한다. 이것이 성공의 가장 기본적이면서도 절대적인 법칙이다. 많은 사람이 이 순서를 바꿔 생각한다. 먼저 돈을 받고, 그다음에 가치를 주려 한다. 먼저 인정받고, 그다음에 노력하려 한다. 하지만 세상은 그렇게 돌아가지 않는다. 가치가 먼저고, 보상은 그다음이다.

이 철학을 받아들이는 순간, 당신이 일하는 방식은 완전히 달라질 것이다. '이 정도면 됐지'라고 멈추는 대신, '아직 더 줄 수 있는 게 없을까?' '정말 이게 최선일까?'를 생각하게 된다. 고객이 기대하는 것보다 조금 더 주려하고, 상사가 요구하는 것보다 한 단계 높은 퀄리티를 만들려 한다. 이런 태도로 일하다 보면, 세상은 당신이 만든 가치에 대해 합당한 보상을 준다. 때로는 돈으로, 때로는 기회로, 때로는 인정으로. 형태는 다를 수 있지만, 반드시 돌아온다.

당신의 일이 곧 당신의 얼굴이다

절대 자신이 맡은 일에 가성비를 따지지 마라. 어떤 일이든 대충 넘기지 말고, 오늘 내가 한 행동 하나하나가 미래의 나를 대표한다는 생각으로 살아야 한다.

당신이 '이 정도면 됐지'라며 멈추는 그 순간, 당신의 한계는 거기까지다. 하지만 '아직 부족한데'라며 한 걸음 더 앞으로 나아가는 순간, 전혀 다른 인생의 장이 열린다. 오늘 당신이 어떤 태도로 일에 임하느냐가 내일의 당신을 결정한다. 당신이 맡은 일이 곧 당신 자체다. 그 일을 통해 세상은 당신이 어떤 사람인지를 판단한다. 그러니 오늘도, 내일도, 당신의 일에 당신의 미래를 담아 매 순간 최선을 다해라.

에필로그
다시 한번 걸음을 내딛을 당신에게

내 방에 있는 책상은 이케아IKEA라는 브랜드의 제품이다. 이케아 제품은 매장에 가서 완성된 제품을 보고, 직접 집에서 조립해 제품을 완성해야 한다. 매장에서 완성품을 볼 때는 1~2시간이면 금방 만들겠지 싶은데, 막상 집에 와서 만들다 보면 3시간은 훌쩍 지나간다. 만드는 동안 나사를 잃어버리기도 하고, 분명 설명서를 보고 따라 하는데도 맘처럼 조립되지 않는 일이 허다하다.

인생은 책상 조립에는 감히 비할 수 없이 복잡하고 어렵다. 여기서 더 결정적인 차이는 삶에는 '정답'도 없고, '설명서'도 없다는 점이다. 그래서 이 책을 쓰는 동안 참 많은 질문을 스스로에게 던졌다. 그 덕에 다 쓴 글을 뒤엎기도 여러 번, 원고를 완성하기까지 꽤 오랜 시간이 걸렸다. 매일 글을 써왔기에 어렵지 않을 것만 같았는데, 집필은 전혀 다른 차원의 집중과 진심이 필요했다.

거의 막바지에 이르고 나니 갑자기 참 다행이라는 생각이 든다. 적어도 누군가에게 삶이라는 주제로 이야기하려면 이 정도 고민은 해봐야 하지 않을까 싶어서다. 마지막으로 한 가지 이야기를 당신에게 더 남길 수 있다면, 꼭 이 말을 해주고 싶다.

"나는 당신이 참 자랑스럽다."

갑작스럽겠지만, 2년 전 나도 이 말을 처음 보는 사람에게 들었다. 그것도 일본에서, 술에 잔뜩 취한 채로. 기억은 희미하지만, 나보다 다섯 살쯤 많아 보였던 그 남자는 어깨동무를 하며 이렇게 말했다.

"난 네가 정말로 자랑스럽다. 진짜 고생 많았어. 앞으로 잘될 거니까 걱정하지 마."

나는 그 말을 듣자마자 고개를 치켜들었다. 정말 듣고 싶었던 말이었지만, 단 한 번도 누군가에게 들어본 적 없던 칭찬이었다. 아이를 잘 키우는 첫 번째 방법이 칭찬이라는데, 우리는 나이가 들면서 자신에게 칭찬은커녕 불만만 쏟아낸다.

결국 인생의 승리자는 수백억을 번 사람도, 엄청난 인기를 얻은 사람도 아니다. 마지막을 돌아봤을 때, 참 잘 살았다는 생각이 들면 그게 바로 좋은 인생이다. 여기에는 그 누구의 평가도 들어가지 않는다. 그러니 당신도 사회적 기준으로 만든 잣대로 조목조목 자신의 부족함을 들추기보다는, 가끔은 아이를 돌보듯 당근도 쥐여 주면서 이 세상을 마음껏 살아내길 바란다.

다시 말하지만, 삶에는 정답이 없다. 남들이 다 틀렸다고 말하는 길도 혼자 꿋꿋이 걸어 상상하지 못한 결과를 만들어내면 사람들은 "비범한 유년기"라며 포장하기 바쁘다. 반대로, 모두가 옳다고 말한 길도 내게 맞지 않으면 그건 정답이 아니다. 가끔은 세상을 조금 이기적으로 살아도 괜찮다. 무엇보다 중요한 건, 당신 자신이니까.

당신은 살면서 한 번도 멈춘 적이 없었고 생각보다 훨씬 잘 살아왔다. 미래의 어느 순간 다시 한번 혼자만 멈춰있는 것 같은 느낌이 든다면 언제든 이 책의 처음으로 돌아와도 좋다. 높이 점프하기 직전 무릎을 구부리듯이, 고통스러웠던 삶에도 결국 날아오르는 순간이 찾아올 것이다. 지금까지 정말 잘 버텼고, 당신의 미래를 진심으로 응원한다.

-방성현 올림

당신은 한 번도 멈춘 적이 없었다

초판 1쇄 발행 | 2025년 8월 8일

글	현사이트(방성현)
표지	정나연(@warmbooks_)
발행인	신하영 이현중
펴낸곳	Deep&Wide

편집	신하영 이현중
디자인	신하영 이현중
도서기획	신하영 이현중 김철 윤석표
마케팅	신하영 이현중 김철 윤석표

주소	서울특별시 마포구 양화로3길 55 어반오아시스 301호
이메일	deepwidethink@naver.com
ISBN	979-11-91369-70-0 (03810)

ⓒ 현사이트(방성현), 2025

- 파본은 구입하신 서점에서 교환해 드립니다.
- 이 책은 저작권법에 의하여 보호받는 저작물이므로 무단 전재와 복제를 금합니다.
- 이 책의 내용 전부 또는 일부를 이용하려면 반드시 저작권자와 딥앤와이드의 동의를 받아야 합니다.

딥앤와이드는 책에 관한 아이디어나 조언 그리고 원고 투고를 언제나 기다리고 있습니다. deepwidethink@naver.com으로 당신의 아이디어를 보내주시고 출간의 꿈을 이루어보시길 바랍니다. 당신도 멋진 작가가 될 수 있습니다.